Thomas Merton
DER WEG DES CHUANG TSE

Thomas Merton

DER WEG DES CHUANG TSE

Aus dem Englischen
von Thorsten F. Scheu

sprachlichter

Für John C.H. Wu,
ohne dessen Ermutigung
ich dies niemals gewagt hätte.

Die amerikanische Originalausgabe erschien unter dem Titel
„The Way Of Chuang Tzu"
bei New Directions Publishers, USA.

Die Kalligraphien im Buch und auf dem Umschlag stammen von Thomas Merton und werden mit freundlicher Genehmigung des Thomas Merton Legacy Trust und des Thomas Merton Centers an der Bellarmine University, Louisville, Kentucky, USA verwendet.
Calligraphies by Thomas Merton. Used with permission of the Thomas Merton Legacy Trust and the Thomas Merton Center at Bellarmine University.

1. Auflage

Übersetzung: Thorsten F. Scheu,
Satz: Sascha Ehrich
Druck: DieDrucker.de GmbH & Co.KG, Reinheim
Bindung: Kaffenberger, Brensbach
Gedruckt in Deutschland
ISBN: 978-3-948824-15-0

www.sprachlichter.de

INHALT

EINE HOMMAGE AN THOMAS MERTON

Seine Heiligkeit, der 14. Dalai Lama

Ich bin heute sehr bewegt angesichts des Gedenkens an Thomas Merton und des Rückblicks auf sein Leben und ich bin sehr froh darüber, dass wir dies tun. Aus dem Blickwinkel eines religiösen Menschen und im Besonderen dem eines Mönchs ist Thomas Merton in der Tat jemand, zu dem wir aufschauen können. Zum einen verfügte er über die Gabe des Hörens – das bedeutet des Studierens, der Kontemplation, der Betrachtung der Lehren – und der Meditation. Zum anderen war er gelehrt, er war diszipliniert und warmherzig. Er war nicht nur in der Lage, Dinge in die Tat umzusetzen, sondern seine Perspektive immer wieder zu erweitern. Und so glaube ich, dass wir uns anlässlich dieses Gedenkens und des Rückblicks darauf besinnen sollten, seinem Beispiel zu folgen. Auf diese Weise – obgleich das Kapitel seines Lebens beendet ist – kann all das, was er erhoffte und wonach er strebte, für immer bestehen. Nicht nur, dass man seinem wundervollen Vorbild in Klöstern folgt, sondern es wäre meiner Ansicht nach von großem Nutzen für die Welt, wenn wir alle diesem Vorbild folgten und es sich so weiter verbreiten könnte.

Ich selbst habe mich stets als einen seiner buddhistischen Brüder verstanden. Und so werde ich ihn als Freund – oder als meinen Bruder – in Erinnerung behalten und sein Werk und seinen Weg immer bewundern. Seit ich ihn getroffen habe und oftmals, wenn ich über mich nachdenke, folge ich seinem Beispiel. Und immer wieder verspüre ich eine tiefe Zufriedenheit in dem Wissen, dass ich das ein oder andere zur Erfüllung seiner Wünsche beitragen konnte. So wird das Wirken unseres Zusammentreffens mich bis zu meinem letzten Atemzug begleiten. Und ich möchte betonen, dass ich mich hierzu bis zu meinem letzten Atemzug verpflichtet fühle.

Rede in der Abtei von Gethsemani, Kentucky, im Juli 1996.

EINFÜHRUNG
Thomas Merton

Der besondere Charakter dieses Buches verlangt nach einer Erklärung. Die hier versammelten Texte von Chuang Tse sind das Resultat von fünf Jahren des Lesens, Studierens, Notierens und Meditierens. Die Notizen gewannen nach einiger Zeit ihre ganz eigene Form und wurden so zu „Nachahmungen" der Texte Chuang Tses oder, besser gesagt, zu freien interpretatorischen „Lesarten" ausgewählter und besonders charakteristischer Passagen. Diese persönlichen Lesarten erwuchsen aus den Vergleichen von vier der besten Übersetzungen der Texte Chuang Tses in westliche Sprachen, zwei davon in Englisch, eine in Französisch und eine in Deutsch. Beim Lesen dieser Übersetzungen bemerkte ich große Unterschiede und mir wurde klar, dass die Übersetzer von Chuang Tse vieles schlichtweg erraten mussten. Ihre Vermutungen zeugen dabei nicht nur von ihrem Grad des Verständnisses für chinesische Lehren, sondern auch von ihren eigenen Auffassungen, was den mystischen „Weg" angeht, der von einem Meister in Asien vor über zweitausend Jahren beschrieben wurde. Da ich nur einige wenige chinesische Schriftzeichen kenne, bin ich sicherlich kein Übersetzer. Diese Lesarten sind also keine Versuche, eine buchstabengetreue Reproduktion anzufertigen, sondern eher ein Unternehmen von persönlicher und spiritueller Interpretation. Es ist unvermeidlich, dass jedwede Wiedergabe Chuang Tses von persönlicher Natur ist. Und so bin ich, was die Expertise angeht, nicht einmal ein Zwerg auf den Schultern dieser Riesen und meine Versuche gehen in den meisten Fällen wohl nicht einmal als „Poesie" durch. Und doch glaube ich, dass es durchaus Leser gibt, die meiner intuitiven Herangehensweise an das Werk eines Denkers, der ebenso fein wie komisch und zudem schwer zu greifen ist, etwas abgewinnen können. Ich glaube dies nicht blindlings, sondern habe Anlass dazu, da diejenigen, die das Manuskript gelesen haben, es mochten und mich ermunterten, es zu veröffentlichen. Und obwohl ich nicht glaube, dass dieses Buch es verdient, schlecht gemacht zu werden, können diejenigen, die es nicht gutheißen, sich bei mir und meinen Freunden beschweren, insbesondere bei Dr. John

C.H. Wu, meinem wichtigsten Förderer und Komplizen bei dieser Unternehmung und grossen Hilfe in vielerlei Hinsicht. Wir sitzen beide in diesem Boot. Und ich möchte hinzufügen, dass mir das Schreiben dieses Buches so viel Freude bereitet hat, wie bei keinem anderen meiner Bücher. Ich erkläre also hiermit, es in „keinster Weise" zu bereuen. Meine Beschäftigung mit Chuang Tse hat sich als außerordentlich lohnend erwiesen.

John vertritt die Theorie, dass ich „in einem früheren Leben" einmal ein chinesischer Mönch war. Ich weiß nichts darüber und beeile mich selbstverständlich, jedermann zu versichern, dass ich nicht an Reinkarnation glaube. Doch ich bin nun seit beinahe fünfundzwanzig Jahren christlicher Mönch und da ist es unvermeidlich, dass man das Leben irgendwann aus einem Blickwinkel betrachtet, der den Eigenbrötlern und Einsiedlern aller Zeiten und Kulturen zu eigen ist. Man kann über die These diskutieren, dass alles Mönchtum, christlich oder nicht-christlich, im Grunde ein und dasselbe ist. Ich denke allerdings, dass das christliche Mönchstum ganz spezifische Eigenschaften aufweist. Dennoch gibt es eine allen Mönchen gemeinsame Perspektive, die eben all jene einnehmen, die sich dazu entschlossen haben, den Wert eines Lebens in Frage zu stellen, das ganz und gar willkürlichen weltlichen Annahmen unterworfen ist, von gesellschaftlichen Konventionen diktiert wird und dem Streben nach temporärer Befriedigung gewidmet ist, die sich am Ende vielleicht doch nur als eine Illusion entpuppt. Was auch immer der Wert eines "Lebens in der Welt" sein mag, in allen Kulturen hat es Menschen gegeben, die von sich behaupteten, in der Einsamkeit etwas finden zu können, das sie bevorzugen.

Dieses Buch möchte nichts beweisen und niemanden von Irgendetwas überzeugen, von dem er eigentlich nichts wissen will. In anderen Worten, es handelt sich nicht um irgendeine neuartige Finesse (oder gar um einen „jesuitischen Taschenspielertrick"), bei der plötzlich christliche Kaninchen aus einem taoistischen Hut gezaubert werden.

Es ist schlichtweg so, dass ich Chuang Tse mag, weil er der ist, der er ist und ich glaube, dass ich diese Vorliebe niemandem gegenüber rechtfertigen muss, auch mir selbst gegenüber nicht. Wenn Augustinus Plotin lesen konnte und der heilige Thomas Aristoteles und Averroes (beide sicherlich um einiges weiter entfernt vom Christentum als Chuang Tse es jemals war!) und wenn Teilhard de Chardin in seiner Darstellung reichlich Gebrauch von Marx und Engels machen konnte, dann, so glaube ich, kann es mir verziehen werden, dass ich mit einem chinesischen Einsiedler zusammentue, der mit mir die Vorliebe für den Frieden teilt, der in der Zurückgezogenheit liegt und dem ich mich verbunden fühle.

Sein philosophisches Naturell ist, so mein Eindruck, zutiefst originär und gesund. Natürlich kann es zu Missverständnissen führen. Doch ist es grundsätzlich schlicht und direkt. So wie alle großen philosophischen Gedanken sucht es unmittelbar ins Herz der Dinge zu treffen.

Chuang Tse ist nicht an Begriffen oder Formeln die Wirklichkeit betreffend interessiert, sondern an einem unmittelbaren, existentiellen Erfahren der Wirklichkeit selbst. Ein solches Erfahren kann nur undeutlich bleiben und entzieht sich jedweder abstrakten Analyse. Es kann als Parabel erscheinen, als Fabel oder als komische Geschichte über ein Gespräch zweier Philosophen. Nicht alle Erzählungen sind dabei zwangsläufig von Chuang Tse selbst. Tatsächlich handeln einige von ihm. Chuang Tses Buch ist eine Anthologie, in der einige Kapitel mit hoher Wahrscheinlichkeit von ihm selbst stammen und einige andere, insbesondere die letzten, von seinen Schülern. Das ganze Buch ist dabei eine Sammlung der Gedanken, des Humors, des Klatsches und der ironischen Bemerkungen, die in taoistischen Kreisen der bedeutendsten Periode, nämlich des 4. und 3. Jahrhunderts vor unserer Zeitrechnung, so verbreitet waren. Doch die Lehre, der „Weg" also, der in diesen Anekdoten, Gedichten und Meditationen aufgezeigt wird, ist charakteristisch für eine ganz bestimmte Geisteshaltung, die sich überall auf der Welt findet, einer Vorliebe für Simplizität, für Demut, Zurückhaltung, Stille und damit einhergehend einer Verweigerungshaltung gegenüber der allgemeinen Aggressivität, dem Streben, dem Vorwärtsdrang, und der Wichtigtuerei, die normalerweise an den Tag gelegt werden müssen, um in der Gesellschaft zurecht zu kommen. Dieses Andere ist ein Weg, der es vorzieht, nirgendwo *hinkommen* zu müssen in der Welt oder gar auf dem Feld der Spiritualität.

Der Teil der Bibel, der vielleicht den taoistischen Klassikern am nächsten kommt, ist das Buch Kohelet. Doch auch in den Evangelien ist viel von der Simplizität, der Kindlichkeit und der Demut zu lesen, die auch das tiefste Anliegen Chuang Tses und Lao Tses sind. John C.H. Wu hat zum Beispiel in einem bemerkenswerten Essay auf das Verhältnis der heiligen Therese von Lisieux zum Taoismus hingewiesen. Das Buch Kohelet ist ein Buch der Erde und die Ethik der Evangelien ist eine Ethik der Offenbarung einer Gottes-Inkarnation hier auf Erden. Der „kleine Weg" der Therese von Lisieux ist eine deutliche Absage an jegliche überhöhte und entpersonalisierte Spiritualität, die den Menschen von sich selbst abspaltet, indem sie eine Hälfte in den Bereich der Engel und die andere in den Bereich der Hölle verweist. Für Chuang Tse, ebenso wie für die Evangelien, heißt, das Leben zu verlieren, es zu retten, und der Versuch, es für das eigene Wohl zu retten, heißt es zu verlieren. Es gibt eine Affirmation der Welt, die nichts als Ruin und Verlust bedeutet. Und es gibt eine Absage an die Welt, die den Menschen findet und ihn in sein eigenes Zuhause rettet, welches Gottes Welt ist. In jedem Fall ist der „Weg" des Chuang Tse deshalb so mysteriös, gerade weil er so simpel ist und man ihn womöglich noch nicht einmal als Weg ansehen kann. Am allerwenigsten ist er jedoch ein „Weg hinaus". Chuang Tse würde Johannes vom Kreuz beipflichten, der sagt, dass man diesen Weg einschlage, wenn man alle Wege verlasse und in einem ganz bestimmten Sinne verloren gehe.

Abtei Gethsemani,
Pfingsten 1965.

EINE STUDIE ZU CHUANG TSE

Das klassische Zeitalter der chinesischen Philosophie umfasst etwa dreihundert Jahre, von 550 bis 250 v. Chr. Chuang Tse, der berühmteste der taoistischen Autoren, dessen Existenz nachgewiesen ist (was von Lao Tse nicht sicher gesagt werden kann), wirkte gegen Ende dieser Epoche und tatsächlich enthält das letzte Kapitel seines Buches (Kapitel 33) einen klugen und informativen Abriss der chinesischen Philosophie bis zu seiner Zeit – es stellt damit das erste Dokument dieser Art zumindest im Orient dar.

Der Humor, die Raffinesse, das literarische Genie sowie das philosophische Verständnis des Chuang Tse sind für jeden, der sich mit ihm beschäftigt, ganz offensichtlich. Doch bevor wir damit beginnen können, auch nur einen Hauch seines Feinsinns zu erfassen, müssen wir ihn in den richtigen kulturellen und historischen Kontext stellen. Das heißt, wir müssen ihn vor dem Hintergrund des Konfuzianismus sehen, über den Chuang Tse sich immer wieder lustig machte, und all der anderen gemäßigten und etablierten chinesischen Lehren, wie sie etwa von Mo Ti oder Chuangs Zeitgenossen, Freund und ständigem Rivalen, dem Logiker Hui Tse, vertreten wurden. Man muss ihn außerdem im Verhältnis zu dem sehen, was auf ihn folgte, denn es wäre ein großes Missverständnis, den Taoismus des Chuang Tse mit jenem Amalgam aus Aberglauben, Alchemie, Magie und Gesundheitsthemen zu verwechseln, zu dem der Taoismus späterer Epochen sich entwickeln sollte.

Die wahren Erben der Lehren und des Geistes Chuang Tses sind die chinesischen Zen-Buddhisten der T'ang-Epoche (7. bis 10. Jahrhundert n. Chr.). Chuang Tses Einfluss auf das chinesische Denken sollte nie wirklich abebben, denn er wurde immer als einer der größten Autoren und Lehrer der klassischen Periode wahrgenommen. Der subtile, hochentwickelte, mystische Taoismus Chuang Tses und Lao Tses hat der gesamten chinesischen Kultur sowie auch dem chinesischen Charakter selbst einen markanten Stempel aufgedrückt. Es hat immer Autoritäten wie etwa den japanischen Zen-Gelehrten Daisetz T. Suzuki gegeben, die in Chuang Tse den größten aller chinesischen Philosophen sehen. Es gibt keinen Zweifel daran, dass es jene Art des Denkens und der Kultur eines Chuang Tses war, die den höchstspekulativen indischen Buddhismus in diese heitere, ikonoklastische und ganz und gar praktische Form des Buddhismus verwandelte, die vor allem in China und Japan in den verschiedenen Schulen des Zen erblühte. Zen wirft ein Licht auf Chuang Tse und Chuang Tse wirft ein Licht auf Zen.

Dennoch sollten wir auf der Hut sein. Der Bezug zu Zen, der sich beinahe aufdrängt in einer Zeit, in der Zen in der westlichen Welt sehr populär ist, kann ein Hinweis sein oder aber auch ein irreführendes Klischee. Es gibt sicherlich einige westliche Leser, die auf die eine oder andere Weise von Zen gehört und womöglich auch ein wenig davon gekostet haben. Aber davon kosten ist eine Sache, es herunterzuschlucken ist jedoch eine andere vor allem, wenn man, nachdem man nur davon gekostet hat, dazu übergeht, das Probierte mit etwas anderem vergleichen zu wollen, dem es zu ähneln scheint.

Die Zen-Mode in bestimmten westlichen Zirkeln reiht sich oftmals in recht verworrene Muster von geistiger Revolution und Erneuerung ein. Sie deutet auf eine durchaus nachvollziehbare Unzufriedenheit mit den gängigen spirituellen Mustern und dem ethischen sowie religiösen Formalismus. Sie ist also Symptom des verzweifelten Verlangens der westlichen Welt nach Wiedererlangung von Spontaneität und Tiefe in einer Umgebung, deren technologische Möglichkeiten sie hat starr, künstlich und spirituell leer werden lassen. Doch im Zusammenhang mit dem Bedürfnis nach authentischer Sinnes-Erfahrung hat sich die Zen-Praxis westlicher Prägung oftmals einem Geist der Improvisation und des Experimentierens verschrieben – einer Art von moralischer Anarchie, die vergisst, wieviel an Disziplin und strengen Riten mit den Traditionen des Zen in China und Japan verbunden sind. Und so auch bei Chuang Tse. Er kann heutzutage leicht als jemand gelesen werden, der Freibriefe verteilt und die Aufhebung jeglicher Kontrolle predigt. Doch Chuang Tse selbst wäre der Erste, der entgegnen würde, dass man den Menschen keineswegs sagen sollte, dass sie tun können, was sie wollen, wenn sie überhaupt nicht wissen, *was* sie denn eigentlich wollen. Zudem sollten wir sehen, dass seine Kritik am Konfuzianismus zwar durchaus skeptische und bodenständige Züge trägt, seine Philosophie aber im Wesentlichen religiös und mystisch ist. Sie gehört in den Kontext einer Gesellschaft, in der jeder Aspekt des Lebens unter dem Gesichtspunkt seiner Beziehung zum Sakralen gesehen wurde.

Die Gefahr, Chuang Tse mit Konfuzius oder Menzius zu verwechseln, ist gering, allerdings fällt eine Abgrenzung zu den Sophisten und den Hedonisten durchaus schwerer. So ähnelt zum Beispiel Yang Chu Chuang Tse in seinem Plädoyer für die Einsamkeit und Geringschätzung der Politik. Er propagierte eine Philosophie des Ausweichens, die jedoch offen egoistische Züge trägt und die besagt, dass der starke und kostbare Baum eher einem Sturm oder der Axt zum Opfer fallen wird.

Das Vermeiden jeglicher politischer Verantwortung war daher nach Ansicht Yangs unerlässlich, wenn man das persönliche Glück finden will und er ging hierbei so weit, dass Menzius über ihn sagte: „Wenn er der ganzen Welt helfen könnte, indem er sich auch nur ein einziges Haar herausreißt, er würde es nicht tun." Doch können wir in Yangs Hedonismus Elemente unseres modernen Ansatzes die Person betreffend finden: Nämlich zum Beispiel die Vorstellung, dass das Leben und die Unversehrtheit der Person von größerem Wert seien als jede Sache oder Aufgabe, zu der die Person womöglich berufen sein könnte, auch auf die Gefahr völliger Entfremdung hin. Doch ein *Personalismus*, der nichts zu bieten hat außer Ausweichmanövern, wird niemals etwas Echtes an sich haben, denn er zerstört die Beziehungen, ohne die eine Person sich nicht wirklich entfalten kann. Daher führt der Versuch, die eigene persönliche Freiheit zu kultivieren, einfach bloß indem man Beschränkungen und Verpflichtungen verwirft, um so in einer rein ich-bezogenen Ungezwungenheit zu leben, zu einem völligen Vergessen des wahren Selbst und seines Freiheitspotentials.

Wir sollten Personalismus und Individualismus hierbei nicht durcheinanderbringen. Der Personalismus betont die *Person* und nicht das individuelle Selbst. Die Person zu betonen bedeutet, den einmaligen und unantastbaren Wert der *anderen* Person ebenso wie den der eigenen zu respektieren, denn der Respekt, der sich nur auf das eigene individuelle Selbst bezieht und die anderen ausschließt, offenbart sich als arglistig.

Die klassische *Ju*-Philosophie des Konfuzius und seiner Nachfolger könnte als traditioneller Personalismus bezeichnet werden, der auf grundlegenden sozialen Beziehungen und Verpflichtungen fußt. Diese sind wesentlich für ein menschliches Leben und sie entfalten, sofern sie so gelebt werden, wie es sein sollte, die persönlichen Potenziale eines jeden Einzelnen in seinem Verhältnis zu den anderen. Indem man die Anforderungen der Natur, die eigentlich Anforderungen der Liebe sind, auf eine Weise erfüllt, wie sie durch die Tradition ausgewiesen sind, entwickelt der Mensch sein Potenzial für Liebe, Verständnis, Ehrerbietung und Weisheit. Er wird zu einem „erhabenen Menschen" oder einem „Menschen von edlem Geist", ganz in Harmonie mit dem Himmel, der Erde, seinem König, seinen Eltern, seinen Kindern und seinen Mitmenschen, durch seinen Gehorsam dem Tao gegenüber.

Der Charakter des „erhabenen Menschen" oder des „Menschen von edlem Geist" ist, der *Ju*-Philosophie zufolge, dabei um ein vierseitiges Mandala von grundlegenden Tugenden angelegt. Die erste dieser Tugenden ist die mitfühlende und hingebungsvolle Liebe, voll von tiefer Empathie und Aufrichtigkeit. Sie befähigt dazu, sich mit den Sorgen und den Freuden der anderen zu identifizieren, als ob es die eigenen wären. Dieses Mitgefühl wird *Jen* genannt und manchmal mit „menschliche Herzlichkeit" übersetzt. Die zweite grundlegende Tugend ist der Sinn für Gerechtigkeit, Verantwortlichkeit und Pflichterfüllung, genannt *Yi*. Es ist wichtig zu betonen, dass gemäß der Ju-Philosophie sowohl Jen als auch Yi ganz und gar unvoreingenommen sind. Das Kennzeichen des „Menschen von edlem Geist" besteht darin, dass er die Dinge nicht einfach tut, weil sie angenehm oder profitabel für ihn sind, sondern weil sie einem bedingungslosen, moralischen Imperativ entstammen. Es sind Dinge, die er als an sich richtig und gut betrachtet. Daher sind diejenigen, die von Gewinnstreben getrieben sind, und sei es auch zum Gewinn der Gemeinschaft, der sie angehören, nicht in der Lage, ein wirklich moralisches Leben zu führen. Auch wenn ihre Taten nicht mit den moralischen Gesetzen in Konflikt geraten sollten, bleiben sie doch unmoralisch, weil sie vom Verlangen nach Gewinn getrieben sind und nicht von der Liebe zum Guten.

Die beiden anderen grundlegenden Tugenden komplettieren das Bild von Ganzheit und Menschlichkeit: *Li* ist etwas mehr als äußerliche, rituelle Genauigkeit. Es ist die Fähigkeit, die rituellen

Formen wirklich nutzbar zu machen, um so der Liebe und Pflicht, durch die man mit dem anderen verbunden ist, ihren vollen Ausdruck zu verleihen. *Li* ist das Ausagieren der Verehrung und der Liebe, nicht nur für die Eltern, sondern für den König, für die eigenen Leute und für den „Himmel-und-die-Erde“. Es ist eine liturgische Kontemplation der religiösen und metaphysischen Struktur einer Person, der Familie, der Gesellschaft und des Kosmos. Die antiken chinesischen Liturgen „beobachteten sämtliche Bewegungen unter dem Himmel, richteten ihre Aufmerksamkeit auf die gegenseitige Durchdringung, die in ihnen stattfindet, um so die richtigen Rituale in den Blick zu nehmen.“[1]

Das individuelle Selbst sollte sich in der „rituellen Disposition“ verlieren, in der man zu einem höheren „liturgischen Selbst“ hinaufstrebt, angeregt durch das Mitgefühl und den Respekt, die traditionellerweise die tiefsten Reaktionen innerhalb der Familie und der Menschen in Gegenwart des „Himmels“ (*Tien*) hervorrufen. Durch *Li* lernt man, dankbar den eigenen Platz im Kosmos und in der Geschichte einzunehmen. Schließlich gibt es die „Weisheit“, *Chih*, die alle anderen Tugenden in einem reifen und religiösen Verstehen umfasst und sie so auf ihre lebendige Verwirklichung hin ausrichtet. Dieses vollkommene Erfassen des „Weges des Himmels“ befähigt schließlich den reifen und erfahrenen Menschen dazu, den innersten Wünschen seines Herzens zu folgen, ohne den Himmel zu missachten. Es ist das „Liebe und tu, was du willst“ des Augustinus. Doch Konfuzius merkte an, dass er diesen Punkt erst mit seinem siebzigsten Lebensjahr erreicht hatte. Der Mensch, der Chih, die Weisheit, erlangt hat, ist dem Himmel gegenüber gehorsam und nicht mehr ausschließlich von äußeren Umständen bewegt. Aber eine dauerhafte und strenge Disziplin nach äußeren Maßstäben bleibt weiterhin zwingend notwendig. Diese gesunden und menschlichen Ideale, an sich erstrebenswert, wurden in der Gesellschaft durch eine Struktur von Pflichten, Riten und Observanzen umgesetzt, die uns heute komplex und künstlich erscheinen. Doch wenn Chuang Tse sich über die konfuzianische Praxis des Li (zum Beispiel den Trauerritus) lustig macht, dürfen wir ihn nicht im Lichte unserer heutigen zwanglosen Sitten sehen, die oft bar jeden symbolischen Feingefühls sind und unempfänglich für die Überzeugungskraft von Zeremonien.

Wir müssen verstehen, dass wir heute in einer Gesellschaft leben, die sich in beinahe unvorstellbarer Weise von der des Mittleren Reiches um das Jahr 300 vor unserer Zeitrechnung unterscheidet. Wir können vielleicht Parallelen zwischen unserer Lebensweise und derjenigen im kaiserlichen Rom oder gar Karthagos, Ninives oder Babylons ziehen. Aber das China des vierten vorchristlichen Jahrhunderts war, obwohl es sicherlich auch dort Barbareien gab, höchstwahrscheinlich um einiges kultivierter, komplexer und humaner als die genannten Städte, die in der Apokalypse des Johannes allesamt als typische Beispiele für die weltliche Brutalität, die Gier und Machtversessenheit angeführt werden. Die chinesische Denkart war vom Ju-Ideal beeinflusst, das ernst genommen wurde und bis zu einem gewissen Grad als Bestandteil von Erziehung und Liturgie die chinesische Gesellschaft prägte. (Wir dürfen allerdings auch nicht davon ausgehen, dass die herrschende Klasse zu Zeiten des Chuang Tse durchweg nach konfuzianischen Prinzipien lebte und dachte, so wie es in späteren Zeiten der Fall war.)

Wenn Chuang Tse sich gegen die Ju-Doktrin wandte, dann nicht im Namen von etwas Niedrigerem – einer animalischen Spontaneität des Individuums etwa, das nicht von einer Reihe lästiger Pflichten belästigt werden möchte – sondern im Namen von etwas allgemein Höherem. Das ist der wichtigste Punkt, den es zu beachten gilt, wenn wir aus dem Westen dem scheinbaren Anarchismus eines Chuang Tse oder der Zen-Meister begegnen.

Chuang Tse forderte nicht weniger als Jen und Yi, sondern mehr. Sein Hauptkritikpunkt an Ju war, dass es nicht weit genug ging. Es brachte brave und rechtschaffene Beamte und durchaus kultivierte Menschen hervor. Doch nichtsdestotrotz begrenzte es sie, zwängte sie in äußerlich festgelegte Normen und nahm ihnen so die Möglichkeit, in Anbetracht ständig neuer Anforderungen und unvorhersehbarer Situationen wirklich frei und kreativ zu handeln.

Dennoch war die Ju-Philosophie auch für den Taoismus und Chuang Tse von Interesse. Denn jedwede chinesische Philosophie und Kultur hat taoistische Tendenzen in einem weiter gefassten Sinn, und die Ideen des Taoismus sind, auf die ein oder andere Weise, maßgeblich für das traditionelle chinesische Denken. Konfuzius sprach von „meinem Tao“. Er forderte seine Schüler dazu auf, ihr Herz auf das Tao hin auszurichten. Er sagte: „Wenn jemand am Morgen vom Tao hört und am Abend stirbt, so war sein Leben nicht umsonst“. Und er fügte hinzu, dass ein Mensch, der vierzig oder fünfzig Jahre alt sei und niemals vom Tao gehört habe, keinerlei Respekt verdiene. Doch Chuang Tse war der Ansicht, dass das Tao, auf das Konfuzius sein Herz ausrichtete, nicht das unsichtbare, unbegreifliche, „große Tao“ ist, sondern eine schwächere Reflektion des Tao, wie es sich im Leben des Menschen manifestiert. Es war die traditionelle Weisheit, weitergegeben durch die Ahnen, ein Wegweiser zum praktischen Leben, der Weg der Tugend.

Im ersten Vers des Tao Te King unterscheidet Lao Tse zwischen dem ewigen Tao, „das nicht benannt werden kann“, der namenlosen und nicht-fassbaren Quelle allen Seins und dem Tao, „das benannt werden kann“, der „Mutter der 10.000 Dinge“. Konfuzius wusste wohl um die Aspekte des Tao, „das benannt werden kann“, doch die Hauptkritik Chuang Tses an der Ju-Philosophie liegt darin, dass sie niemals dem Tao, „das nicht benannt werden kann“, nahekommt und es in keiner Weise einbezieht. Bis zu den relativ späten Schriften des Konfuzius wie etwa „Mitte und Maß“, die vom Taoismus beeinflusst sind, hatte Konfuzius den Gedanken an ein Tao, das höher ist als das des Menschen, stets abgelehnt, gerade weil es „nicht fassbar“ ist und damit außerhalb jeglichen rationalen Diskurses steht. Chuang Tse hingegen war der Auffassung, dass, nur wenn wir in Kontakt zum mysteriösen Tao kommen, das jenseits aller existierenden Dinge liegt, das weder durch Worte noch durch Schweigen vermittelt werden kann und das nur in einem Zustand jenseits von Sprache und Stille zu erspüren ist, wir wirklich verstehen können, wie wir leben sollten. Nur gemäß des „Tao des Menschen“ zu leben bedeutet, vom Weg abzukommen. Das Tao der Ju-Philosophie, so drückt es Konfuzius aus, „webt die eigenen Wünsche und die der anderen zu einem zusammen“. Es kann daher als ein „ethisches Tao“ bezeichnet werden; die praktische Manifestation eines Prinzips von Liebe und Gerechtigkeit. Es steht damit in Zusammenhang mit der Goldenen Regel, die besagt, dass man die anderen so behandeln solle, wie man selbst behandelt werden möchte. Doch es ist nicht das „Tao des Himmels.“ Vielmehr teilt und unterteilt es gemäß Konfuzius die Idee vom Tao so lange, bis es lediglich zu einem Begriff geworden ist, der für ein abstraktes universelles Prinzip aus dem Bereich der Ethik steht. Daher kann man vom „Tao der Vaterschaft" lesen, vom „Tao des Sohn-seins", dem „Tao der Ehefrau" und dem „Tao der Minister". Und dennoch, als das konfuzianische Denken mehr und mehr vom Taoismus beeinflusst wurde, gerieten all diese verschiedenen „menschlichen Taos" zu Fingern, die auf das unsichtbare, göttliche Tao zeigen. Dies wird zum Beispiel im „Tao der Malerei" (*gemeint ist: „Tao of Painting", ein Buch von Mai-Mai Sze, Anm. d. Übersetz.*) deutlich: „Im Laufe der Geschichte der chinesischen Malerei lag stets der eigentliche Zweck darin, das traditionelle (menschliche) Tao immer wieder zu bekräftigen und die Ideen, Prinzipien und Methoden zu vermitteln, die von den Meistern aller Epochen als Mittel zum Ausdruck der Harmonie des Tao entwickelt und überprüft worden waren."[2]

Chuang Tse bemerkte jedoch trocken, dass ein Streben nach dem ethischen Tao illusorisch wird, wenn man für andere sucht, was für einen selbst gut ist, ohne wirklich zu wissen, was denn für einen selbst gut ist. Er greift diese Frage, was denn gut sei, in der Meditation auf, der ich den Titel „Vollkommene Freude" gegeben habe. Zuallererst bemerkt er, dass die Freude nicht im Hedonismus oder im Utilitarismus (dem „Profit-Motiv" des Mo Ti) gefunden werden kann. Die Beschäftigung mit Reichtümern, den Begierden und Vergnügungen ist in Wirklichkeit eine unerträgliche Knechtschaft, in der man „für das lebt, was stets außer Reichweite liegt", nach dem „Fortbestand in der Zukunft" dürstet und „unfähig ist, im Jetzt zu leben". Die Vertreter der Ju-Philosophie würden dem beipflichten, dass Motive wie „Profit" und „Vergnügen" eines wahren Menschen unwürdig sind. Chuang Tse widerspricht dennoch Ju und kritisiert den heldenhaften und aufopferungsvollen öffentlichen Diener, den tugendhaften „erhabenen Menschen", der in der konfuzianischen Schule geformt werden soll. Seine Analyse der Uneindeutigkeiten eines solchen Lebens mögen uns, die wir heute in einem solch unterschiedlichen moralischen Klima leben, spitzfindig erscheinen. Doch Chuang Tses Bedenken, dass das Gut-sein der Guten und das Edle der Großartigen möglicherweise den Samen des Verderbens in sich tragen, sind vergleichbar mit den

Bedenken, die Sophokles und Aischylos einige Zeit früher weiter im Westen hegten. Chuang Tse gibt eine andere Antwort, in der weniger an religiösem Mysterium liegt. Um es auf einen kurzen Nenner zu bringen: Der Held der Tugend und der Pflichterfüllung landet am Ende in denselben Unklarheiten wie der Hedonist und der Utilitarist. Warum? Weil er „das Gute" als ein Objekt zu erreichen versucht. Er bemüht sich um einen bewussten und wohlüberlegten Einsatz für „seine Pflicht" im Glauben daran, es sei das Richtige und verhelfe ihm zu mehr Glück. Er betrachtet „Glück" und „das Gute" als etwas, das „man erreichen kann" und daher als etwas, was außerhalb von ihm in der Welt der Objekte liegt. Auf diese Weise begibt er sich in eine Trennung, aus der es kein Entrinnen gibt: Eine Trennung nämlich zwischen dem, was Gegenwart ist und in der er noch nicht im Besitz dessen ist, was er sucht und einer Zukunft, in der er glaubt, das haben zu können, was er sich ersehnt; zwischen dem Falschen, dem Bösen, der Abwesenheit dessen, was er sucht und dem Guten, von dem er hofft, es durch seine Bemühungen erreichen zu können; zwischen seinen eigenen Vorstellungen von Richtig und Falsch und den entgegengesetzten Vorstellungen, die irgendeine andere philosophische Schule vertritt – und so weiter.

Chuang Tse erlaubt sich eine solche Unterscheidung durch ein „Partei-ergreifen" nicht. Ganz im Gegenteil: Er spürt, dass das Problem nicht die Mittel sind, die der Ju-Philosoph wählt, um seine Ziele zu erreichen, sondern die Ziele selbst. Er ist der Ansicht, dass das ganze Konzept von „Glück" und „Unglück" von Beginn an in die Irre führt, weil es in die Welt der Objekte gehört. Und das ist genauso wahr, wenn es um feingliedrigere Konzepte wie Tugend oder Gerechtigkeit geht. Ganz besonders wahr ist es in Bezug auf „Gut und Böse" oder „Wahr und Falsch". Von dem Moment an, in dem sie als „Ziele, die es zu erreichen gilt" behandelt werden, führen diese Werte in die Täuschung und Entfremdung. Daher stimmt Chuang Tse mit Lao Tse überein, der das Paradox so formuliert: „Wenn alle Welt das Gute als gut versteht, wird es böse", denn es wird zu etwas, das man nicht hat und das man permanent verfolgen muss, solange, bis es schließlich unerreichbar wird."

Je mehr man „das Gute" außerhalb von sich selbst als etwas sucht, das erlangt werden muss, desto mehr fühlt man sich gezwungen, über die Natur des Guten zu diskutieren, sie zu studieren, zu verstehen und zu analysieren und desto mehr verliert man sich in den Abstraktionen und den Verwirrungen, die von unterschiedlichen Ansichten herrühren. Je mehr „das Gute" objektiv analysiert wird, desto mehr wird es als etwas behandelt, das durch besonders virtuose Praktiken erreicht werden kann und doch wird es umso weniger real. Wenn es weniger real wird, dann weicht es auch zurück und entfernt sich immer weiter hinein in die Abstraktion, in die Zukunft, in die Unerreichbarkeit. Gleichzeitig wird man sich immer stärker auf die Mittel konzentrieren, die dabei helfen sollen, es zu erreichen. Und während ein Ergebnis immer weiter in die Ferne rückt und immer diffiziler wird, werden die Mittel immer ausgefeilter und komplexer, bis das schlichte Studium der Mittel schließlich so sehr in den Vordergrund tritt, dass alle Konzentration darauf liegt und das Ergebnis dabei vergessen wird. Daher verwandelt sich der hohe Anspruch des Ju-Gelehrten in Wirklichkeit in eine Ergebenheit gegenüber einer systematischen Nutzlosigkeit, die in der Erprobung von Mitteln liegt, die zu nichts führen. Tatsächlich ist dies nichts weiter als organisierte Verzweiflung: „Das Gute", von den Moralisten gepredigt und gefordert, wird auf diese Weise schließlich ein Böses, und dies umso mehr, da das hoffnungslose Streben danach vom wirklichen Guten ablenkt, das der Betreffende eigentlich bereits besitzt und doch verschmäht und ignoriert.

Der Weg des Tao besteht darin, mit dem einfachen Guten zu beginnen, über das wir verfügen, einfach weil wir existieren. Anstatt das Gute (das verschwindet, wenn wir darauf schauen und das unbegreiflich wird, wenn wir es greifen wollen) bewusst kultivieren zu wollen, wachsen wir leise in der Demut eines einfachen, gewöhnlichen Lebens und dieser Weg gleicht (zumindest in psychologischer Hinsicht) dem christlichen „Leben im Glauben". Es geht also darum, an dieses Gute zu glauben und nicht, es als die Frucht der eigenen Anstrengungen zu betrachten.

Das Geheimnis des Weges, den Chuang Tse vorschlägt, besteht also nicht in der Anhäufung von Tugend und Verdienst, so wie es Ju lehrt, sondern in *Wu Wei*, dem *Nicht-Tun*, das nicht auf Resultate abzielt und sich nicht um bewusst ausgearbeitete Pläne oder absichtlich angestrengte Unternehmungen kümmert: „Mein größtes Glück besteht darin, gerade nichts zu tun, was darauf abzielt, Glück zu erlangen... Vollkommene Freude ist es, ohne Freude zu sein...wenn jemand fragt, ‚was getan werden sollte' und ‚was nicht getan werden sollte', um Glück hervorzubringen, dann antworte ich, dass es auf diese Fragen keine (festgelegten und vorgegebenen) Antworten gibt". Wenn man in Harmonie mit dem Tao ist – dem kosmischen Tao, dem „großen Tao" – dann wird die Antwort von selbst aufscheinen, wenn die Zeit zum Handeln gekommen ist, denn dann wird man nicht auf die menschliche und vertraute Weise handeln, sondern auf die göttliche und spontane des Wu Wei, welche die Weise der Handlung des Tao selbst ist und daher die Quelle alles Guten.

Der andere Weg, der Weg des bewussten Strebens, auch wenn es scheinbar ein tugendhafter Weg sein mag, ist grundsätzlich ein Weg der Selbst-Überhöhung und er wird daher zwangsläufig in Konflikt mit dem Tao geraten. Er ist selbstzerstörerisch, denn „was gegen das Tao ist, wird aufhören zu existieren."[3] Dies erklärt, warum das Tao Te King, das die Ju-Philosophie kritisiert, besagt, dass die höchste Tugend nicht-tugendhaft ist und „daher Tugend hat". Doch „niedrige Tugend befreit sich niemals von der Tugendhaftigkeit und hat daher keine Tugend."[4] Chuang Tse spricht sich nicht gegen die Tugend aus (warum sollte er?), doch er sieht, dass schiere Tugendhaftigkeit ohne Bedeutung und ohne tiefe Wirkung bleibt – im Leben des Einzelnen ebenso wie in der Gesellschaft.

Ist dies einmal klar geworden, so sehen wir, dass Chuang Tses ironische Bemerkungen zu „Gerechtigkeit" und „Zeremoniell" nicht im Licht eines gesetzlosen Hedonismus oder Anarchismus zu verstehen sind, sondern im Licht der wirklichen Tugend, die „jenseits der Tugendhaftigkeit" liegt.

Ist dies wiederum klar geworden, kann man eine gewisse Analogie zwischen Chuang Tse und dem heiligen Paulus erkennen. Diese Analogie trifft jedoch nur bis zu einem bestimmten Grad zu, denn bei Chuang Tse findet sich nicht der tiefe, theoretische Mystizismus des Paulus. Doch seine Lehre von der spirituellen Freiheit des Wu Wei und der Beziehung der Tugend zum innewohnenden Tao ist vergleichbar mit der Lehre des heiligen Paulus vom Glauben und von der Gnade, der die „Werke des Alten Gesetzes" gegenübergestellt werden. Das Verhältnis von Chuang Tses Texten zu den Analekten des Konfuzius ist dem der Galater- und Römerbriefe zur Torah nicht unähnlich.

Für Chuang Tse ist der wirklich großartige Mensch nicht derjenige, der mithilfe eines lebenslangen Studiums und lebenslanger Übung einen großen Fundus an Tugend und Verdienst anhäuft, sondern derjenige, in dem das „Tao ohne Hindernisse wirkt", der „Mensch des Tao". Einige Texte in diesem Buch behandeln den „Menschen des Tao". Andere beschreiben, was ihn gerade nicht ausmacht. Eine der aufschlussreichsten Geschichten in diesem Kontext ist die des angstgeplagten, perfektionistischen Schülers des Keng Sang Chu, der zu Lao Tse gesandt wird, um die „Elemente" zu erlernen. Ihm wird gesagt: „Wenn Du weiterhin versuchst, zu erreichen, was niemals erreicht wird...weiterhin darüber nachdenkst, was nicht begriffen werden kann, wirst Du zerstört werden." Andererseits, wenn er doch nur wüsste, wann er aufhören sollte, zufrieden damit wäre, zu warten, zu lauschen und sein eigenes nutzloses Streben aufgeben könnte, so würde das Eis schmelzen. Dann würde er beginnen zu wachsen, ohne sein eigenes Wachstum zu beobachten und ohne sein ständiges Verlangen nach Selbst-Optimierung.

Chuang Tse, umgeben von ehrgeizigen und vermeintlich „praktischen Menschen", sah, dass diese „Funktionäre" den Wert des „Nützlichen" kannten, aber nichts vom größeren Wert des „Nutzlosen" wussten. John Wu schreibt: „Für Chuang Tse muss die Welt wie eine einzige schreckliche Tragödie gewirkt haben, verfasst von einem großartigen Komödianten. Er sah intrigante Politiker, die in die Gruben fielen, die sie für andere gegraben hatten. Er sah räuberische Staaten, die schwächere Staaten schluckten, um kurz darauf ihrerseits von anderen Staaten verschluckt zu werden. Und so erwiesen sich die so hochgepriesenen nützlichen Talente nicht nur als nutzlos, sondern als selbst-zerstörerisch."[5]

Der „Mensch des Tao" wird stets das Verborgene und die Einsamkeit vorziehen. Er wird nicht nach öffentlichen Ämtern streben, obwohl er durchaus erkennt, dass es das Tao ist, das „im Innern den Weisen und im Außen den König formt".

In „Die Schildkröte" erteilt Chuang Tse denjenigen eine knappe aber entschiedene Absage, die versuchen, ihn vom Fischen am Fluss abzuhalten und ihm stattdessen eine Stelle in der Hauptstadt anbieten. Eine noch direktere Antwort hat er allerdings parat, als sein Freund Hui Tse ihn verdächtigt, ein Komplott schmieden zu wollen, um ihn aus dem Amt zu drängen (in: „Die Eule und der Phoenix").

Auf der anderen Seite ist Chuang Tse kein Einsiedler durch und durch. Der „Mensch des Tao" macht nicht den Fehler, die eigene Tugendhaftigkeit aufzugeben, um in einer noch innigeren, kontemplativen Sammlung unterzutauchen. Man kann Chuang Tse nicht wirklich einen „Kontemplativen" nennen, also einen, der ein systematisches Programm zur spirituellen Selbst-Reinigung vertritt, um so eine bestimmte, klar definierte innere Erfahrung zu machen oder einfach das „Innenleben zu kultivieren". Chuang Tse würde das genauso ablehnen wie die „Kultivierung" von irgendetwas anderem. Jedwede absichtliche, systematische und reflektierende „Selbst-Kultivierung", ob aktiv oder kontemplativ, persönlich oder politisch, schneidet uns ab von der mysteriösen, aber unabdingbaren Verbindung zum Tao, der verborgenen „Mutter" allen Lebens und aller Wahrheit. Einer der Ursachen für die Frustration des jungen Schülers von Keng Sang Chu ist ja gerade die Tatsache, dass er sich in einer Zelle einschließt und versucht, diejenigen Qualitäten, die er für erstrebenswert hält, zu erlangen, und diejenigen loszuwerden, die er nicht mag.

Ein rein kontemplatives und innerliches Leben, welches das Subjekt einfach nur seiner selbst immer bewusster und besessen von seinem eigenen inneren Fortschritt machen würde, wäre für Chuang Tse nicht weniger eine Illusion als das aktive Leben des „wohlmeinenden" Menschen, der durch eigene Anstrengungen versucht, seine Vorstellung vom Guten denjenigen aufzuerlegen, die seinen Vorstellungen widersprechen – und so in seinen Augen zu „Feinden des Guten" werden. Die wahre Ruhe, die vom „Menschen des Tao" gesucht wird, ist *Ying Ning*, die Ruhe im Tun des Nicht-Tuns, oder, in anderen Worten, eine Ruhe, die die Unterscheidung zwischen Aktivität und Kontemplation übersteigt, indem sie in die Einheit mit dem namenlosen und unsichtbaren Tao eingeht.

Chuang Tse betont immer wieder, dass dies einen Verzicht auf das „Verlangen zu gewinnen" bedeutet (siehe „Der kämpfende Hahn"). In „Affenberg" schildert er die Gefahren, die mit Cleverness und Kunstfertigkeit einhergehen und wiederholt dabei eines seiner zentralen Themen, das man folgendermaßen fassen könnte: Niemand liegt so falsch wie der Mensch, der alle Antworten kennt. So wie Lao Tse propagiert Meister Chuang eine grundsätzliche Demut: Nicht die Demut der Tugendhaftigkeit und Selbstkasteiung, die nie ganz frei ist vom falschen Pathos eines Uriah Heep (*der Romanfigur aus Charles Dickens „David Copperfield", Anm. d. Übersetz.*), sondern die einfache, man könnte auch sagen „seinshafte" oder „kosmische" Demut des Menschen, der das Nichts ganz und gar erkennt und sich selbst völlig vergisst, „wie ein ausgetrockneter Baumstumpf....wie tote Asche".

Man könnte diese Demut „kosmisch" nennen, nicht bloß weil sie in der wahren Natur der Dinge wurzelt, sondern weil sie zudem voller Leben und Bewusstheit ist und mit grenzenloser Vitalität und Freude auf alles Lebendige reagiert. Sie manifestiert sich überall mit franziskanischer Einfachheit und dem Gefühl von Verbundenheit mit allen Lebewesen. Viele der „Figuren" in den Geschichten im Geiste Chuang Tses sind Tiere – Vögel, Fische, Frösche und so weiter. Chuang Tses Taoismus ist voller Sehnsucht nach dem ursprünglichen Paradies, in dem es keine Unterscheidung gibt, in dem der Mensch ganz und gar einfach ist, sich seiner selbst nicht bewusst und mit sich, dem Tao und allen Wesen in Frieden lebt. Doch für Chuang ist dieses Paradies nicht etwas, das durch die Sünde verloren ging und nur durch Erlösung wiedererlangt werden kann. Es ist noch immer unseres, doch wir wissen nichts davon, denn die Auswirkungen unseres gesellschaftlichen Lebens sind zu komplex und bringen unser Dasein durcheinander. Sie lassen uns vergessen, wer wir wirklich sind und machen uns besessen von dem, was wir nicht sind. Diese Selbst-Wahrnehmung, die wir mit allen möglichen Methoden und Praktiken versuchen zu perfektionieren, ist eigentlich ein Vergessen unserer wahren Wurzel im „unbekannten Tao" und unseres Verbundenseins mit dem „ungeformten Block", in dem es noch keine Unterscheidungen gibt.

Chuang Tses paradox erscheinende Lehre, dass man „das Glück

nur dann findet, wenn man aufhört, danach zu suchen", sollte daher nicht negativ beurteilt werden. Er lehrt hier keinen Rückzug vom vollen, aktiven menschlichen Leben in die Reglosigkeit und Passivität. Er sagt, dass das Glück durchaus gefunden werden kann, jedoch nur im Nicht-Suchen und im Nicht-Tun. Es kann gefunden werden, aber nicht als Resultat eines Programms oder eines Systems. Denn Programme und Systeme haben folgenden Nachteil: Sie tendieren dazu, das Glück in einer einzigen Handlungsweise zu lokalisieren und es ausschließlich dort zu suchen. Doch das Glück und die Freiheit, die Chuang Tse im Tao sieht, können *überall* gefunden werden (denn das Tao ist überall) und wenn jemand lernt, auf diese sorglose Weise zu handeln, dann wird jede Handlung zu purer Freude, denn ohne Freude „kann niemand das Glück finden". Feng Youlan fasst es in seinem Buch *The Spirit of Chinese Philosophy* zusammen, indem er schreibt, dass der Weise „alles begleitet und alles begrüßt; alles, was im Entstehen- und alles, was im Vergehen begriffen ist. Daher kann er gar nicht anders, als sich an der Freiheit zu erfreuen und seine Freude ist ohne Bedingung."

Der wahre Charakter von Wu Wei ist nicht die schiere Untätigkeit, sondern die *vollkommene Tat* – denn sie ist Tat ohne Aktivität. Mit anderen Worten, es ist ein Tätigsein, das nicht unabhängig von Himmel und Erde geschieht und im Widerspruch zur Dynamik des Ganzen steht, sondern gerade in perfekter Harmonie mit dem Ganzen. Es ist keine Passivität, sondern ein Handeln, das sowohl mühelos als auch spontan erscheint, weil es „richtig" ausgeführt wird, in perfekter Übereinstimmung mit unserer Natur und unserem Platz in der Ordnung der Dinge. Es ist ganz und gar frei, denn es liegt kein Zwang und keine Gewalt darin. Es ist weder „konditioniert" noch „limitiert" durch unsere individuellen Bedürfnisse oder Sehnsüchte oder unsere eigenen Theorien und Vorstellungen. Es ist genau diese Auffassung vom *unkonditionierten* Charakter des Wu Wei, die Chuang Tse von anderen großen Philosophen unterscheidet, die Systeme konstruierten, durch die ihr Handeln notwendigerweise konditioniert wird. So wurde Mo Tis abstrakte Theorie der „universellen Liebe" von Chuang Tse gerade aufgrund der Inhumanität ihrer Konsequenzen klugerweise als falsch angesehen. In seiner Theorie ging Mo Ti davon aus, dass alle Menschen mit derselben

Liebe geliebt werden sollten, dass das Individuum seine größte Erfüllung darin finden würde, das Allgemeinwohl zu lieben und dass diese universelle Liebe mit Ruhe, Frieden, der guten Ordnung und dem Glück des Einzelnen belohnt werden würde. Doch bei näherer Betrachtung wird sich diese „universelle Liebe" (so wie die meisten Utopien) als etwas erweisen, das derart hohe Anforderungen an die menschliche Natur stellt, dass sie nicht verwirklicht werden kann. Und selbst wenn sie verwirklicht werden könnte, würde sie den Menschen eingrenzen und deformieren und ihn und seine Gesellschaft schließlich ganz zugrunde richten. Nicht weil die Liebe gut und natürlich für den Menschen ist, sondern weil ein System, das auf einem theoretischen und abstrakten Prinzip der Liebe beruht, bestimmte fundamentale und geheimnisvolle Realitäten ignoriert, die uns niemals ganz bewusst werden können. Und der Preis für eine solche Unachtsamkeit wäre eine Liebe, die zu Hass wird.

Die Gesellschaft einer „universellen Liebe", die Mo Ti im Sinn hatte, war trist, freudlos und düster, denn jedwede Spontanität sollte mit Argwohn betrachtet werden. Die humanen und geordneten Freuden des konfuzianischen Lebens, Freundschaft, Kulthandlungen, Musik und so weiter, waren allesamt in Mo Tis Vision verbannt worden. Es ist wichtig, daran zu erinnern, dass Chuang Tse in diesem Zusammenhang „Musik" und „Kulthandlungen" durchaus gutheißt, während er sich an anderer Stelle über die übertriebene Neigung dazu lustig macht. „Mo Ti", schrieb er, „duldet keinen Gesang im Leben, kein Klagelied im Tod...ungeachtet dessen, dass Menschen immer singen werden, verdammt er den Gesang. Menschen werden trauern und dennoch verdammt er die Trauer, Menschen werden Freude empfinden, und er verdammt sie – ist dies wirklich im Einklang mit der Natur des Menschen? Im Leben Mühe, im Tod Kargheit: Sein Weg ist ein Weg der Hartherzigkeit!"[6]

Anhand einer solchen Stelle können wir erkennen, dass Chuang Tses ironischer Blick auf übertriebene Beerdigungsrituale im richtigen Licht gesehen werden muss. In der amüsanten und natürlich vollkommen frei erfundenen Beschreibung von „Lao Tses Totenwache" kritisiert Chuang Tse nicht die Trauer an sich oder den Respekt gegenüber einem Meister, sondern all das gekünstelte Beiwerk, das von einem Kult um einen Meister als *dem Meister* herrührt. Das „Tao der Schülerschaft" ist für Chuang Tse ein Fantasieprodukt und es kann auf keinen Fall das „Große Tao" ersetzen, in dem jedwede Beziehung den geeigneten Platz und Ausdruck findet.

Die Tatsache, dass Chuang Tse in der Lage ist, einen Standpunkt im einen Kontext und einen gegensätzlichen in einem anderen einzunehmen, zeigt uns, dass er sich in Wirklichkeit jenseits allen parteiischen Gezänks bewegt. Obwohl er durchaus gesellschaftliche Kritik übt, ist seine Kritik doch niemals bitter oder schroff. Ironie und Parabeln sind seine wichtigsten Werkzeuge und die Atmosphäre, die sein Werk durchzieht, ist von toleranter Unparteilichkeit geprägt, ohne zu predigen. Er erkennt die Zwecklosigkeit eines Dogmatisierens rund um solch obskure Anschauungen, die auch Philosophen nicht wirklich erfassen können. Er folgt den anderen nicht in ihren Narrheiten und doch verurteilte er sie nicht wirklich – er weiß, dass auch ihn Narrheiten umtreiben und er hat einen Sinn dafür, diese zu akzeptieren und sich sogar daran zu erfreuen. Er erkennt ein wichtiges Charakteristikum jedes Weisen, nämlich, dass dieser sich selbst als „so wie die anderen" betrachtet. Er setzt sich nicht von den anderen ab und erhöht sich nicht. Und doch gibt es einen Unterschied: Er unterscheidet sich „in seinem Herzen" von anderen Menschen, da er im Tao ruht und nicht in sich selbst. Und „doch weiß er nicht, in welcher Weise genau er sich unterscheidet". Er ist sich seiner Verwandtschaft mit den anderen bewusst, seiner Einheit mit ihnen, doch „versteht" er auch das nicht. Er lebt es einfach.[7]

Der Schlüssel zu Chuang Tses Lehre ist eine beiderseitige Gültigkeit von Gegensätzen und dies kann nur erfasst werden, wenn man den zentralen „Angelpunkt" des Tao erfasst, der geradewegs durch „Ja" und „Nein", durch „Ich" und „Nicht-Ich" hindurch verläuft. Leben ist eine kontinuierliche Entwicklung. Alle Wesen sind im Fluss. Chuang Tse hätte Heraklit wohl beigepflichtet. Was heute unmöglich erscheint, kann morgen möglich werden. Was heute gut und angenehm ist, kann morgen schlecht und abstoßend sein. Was richtig von einem Standpunkt aus betrachtet erscheint, kann sich vom anderen Standpunkt aus als völlig falsch erweisen.

Was sollte der Weise also tun? Sollte er einfach gleichgültig bleiben und falsch und richtig, gut und schlecht so behandeln, als wären sie ein und dasselbe? Chuang Tse würde vehement bestreiten, dass sie dasselbe sind. Gleichzeitig würde er sich jedoch weigern, das eine oder das andere festzuhalten und es als etwas Absolutes zu behandeln. Wenn eine limitierte und bedingte Sichtweise von „Gut" zu etwas Absolutem erhöht wird, wird es unmittelbar zu etwas Schlechtem, denn es schließt bestimmte komplementäre Elemente aus, die benötigt werden, wenn es ganz und gar gut sein soll. Sich an eine Sichtweise zu halten, an eine limitierte und bedingte Meinung, und dies als die letztgültige Antwort auf alle Fragen zu betrachten, ist einfach eine „Verschleierung des Tao" und lässt uns im Irrtum verharren. Derjenige, der den zentralen Angelpunkt des Tao erfasst, ist fähig, „Ja" und „Nein" dabei zu beobachten, wie sie ihre wechselnden Bahnen in einer Kreislinie ziehen. Er bewahrt sich seinen Blickwinkel und sein klares Einschätzungsvermögen, und er weiß, dass „Ja" immer ein „Ja" im Licht des „Nein" ist, das dem „Ja" gegenübersteht. Er versteht, dass ein Glück, das maßlos auf die Spitze getrieben wird, in die Misere führt und dass Liebreiz, wenn er übertrieben wird, zur Hässlichkeit verkommt. Wolken werden zu Regen und der Dunst steigt wiederum auf, um zu Wolken zu werden. Darauf zu bestehen, dass die Wolke niemals zu Regen werden soll, heißt, sich gegen die Dynamik des Tao zu stellen.

Diese Vorstellungen werden von Chuang Tse auf die Arbeit des Künstlers, des Handwerkers oder auch des Philosophen übertragen. In „Der Holzschnitzer" wird beschrieben, wie der versierte Kunsthandwerker nicht einfach nach bestimmten vorgegebenen Regeln und externen Standards handelt. Natürlich ist es für die mittelmäßigen ihres Fachs absolut in Ordnung so zu verfahren. Doch die erhabene Arbeit entsteht aus einem verborgenen, spirituellen Prinzip, welches durch Fasten, einem Ungebundensein und einer Unabhängigkeit vom Resultat und jedwedem Profit genau den Baum entdeckt, den es braucht, um diese bestimmte Arbeit daraus zu formen. In diesem Fall arbeitet der Künstler in einer fast passiven Weise, und es ist das Tao, das in ihm und durch ihn wirkt. Dies ist das bevorzugte Thema Chuang Tses und wir finden es immer wieder. Die „richtige Art und Weise" die Dinge zu tun, liegt jenseits der eigenen Reflektion, denn „wenn der Schuh passt", ist der Fuß „vergessen". In seiner Philosophie geht es Chuang Tse nicht darum, dem Schüler derart enge Schuhe anzuziehen, dass ihn seine Füße permanent beschäftigen – weil sie ihn quälen! Daher steht Chuang nicht nur den Konfuzianern kritisch gegenüber, die sich an Methoden und Systeme halten, sondern auch solchen Taoisten, die versuchen ein Wissen über das unbenennbare Tao zu vermitteln, wo es nicht vermittelt werden kann und wo der Zuhörer nicht bereit ist, auch nur die allerersten Elemente der Lehre darüber aufzunehmen. „Sinfonie für einen Seevogel" kann in diesem Sinne gelesen werden. Die Geschichte handelt nicht nur vom Abtöten jeglicher Spontanität durch die Ju-Philosophie, sondern auch von einem übermäßigen Eifer und schlechtem Timing, was die Vermittlung des Tao betrifft. In Wahrheit kann das Tao gar nicht vermittelt werden. Es vermittelt sich vielmehr selbst in seiner ganz eigenen Weise. Wenn der richtige Moment kommt, wird auch derjenige, welcher der Lehre gegenüber ganz und gar unempfänglich zu sein schien, sich auf mysteriöse Weise des Tao bewusst.[8]

Während er mit seinem Freund Hui Tse immer wieder Meinungsverschiedenheiten pflegte, und seine Schüler, die keineswegs immer ohne „Siegeswillen" waren, Chuang als denjenigen darstellten, der Hui Tse in Debatten stets bezwang, übernahm Chuang Tse tatsächlich viele der metaphysischen Konzepte Hui Tses. Weil er das Prinzip der Beiderseitigkeit kannte, wusste er, dass seine Ideen ohne ihr Gegenteil, vertreten von Hui Tse, nicht in sich ganz und vollständig wären. Eines der bekanntesten Prinzipien Chuang Tses ist das von den „Drei am Morgen". Es wird in der Geschichte von den Affen beschrieben, deren Wärter ihnen zunächst drei Portionen Kastanien am Morgen und vier am Abend geben wollte, dann aber, nachdem die Affen dagegen protestiert hatten, seinen Plan änderte und ihnen vier am Morgen und drei am Abend gab. Was will diese Geschichte sagen? Einfach nur, dass die Affen töricht waren und der Wärter sie auf zynische Weise austrickste? Ganz im Gegenteil. Der Wärter war klug genug, um zu erkennen, dass die Gründe der Affen dafür, vier Portionen am Morgen haben zu wollen, völlig irrational waren und beharrte daher nicht einfach stur auf seinem ursprünglichen Vorhaben. Er zeigte sich nicht vollkommen teilnahmslos, sondern sah, dass eine kleine Änderung das eigentlich Wesentliche der Vereinbarung nicht beeinträchtigen würde. Er verschwendete keine Zeit damit, von den Affen zu verlangen, dass sie die Angelegenheit doch einmal „vernünftiger" betrachten sollten, wenn man von Affen gar keine „vernünftige Betrachtung" erwarten kann. Wenn wir energisch und beharrlich von den anderen erwarten, „vernünftig" zu sein, so handeln wir selbst unvernünftig. Chuang Tse, der beharrlich im Zentrum des Tao verweilt, ist in der Lage, die Dinge aus diesem Blickwinkel zu sehen. Seine Lehre folgt dem Prinzip der „Drei am Morgen" und sie ist auf zwei Ebenen zuhause: Nämlich der des göttlichen und unsichtbaren Tao, das keinen Namen trägt, und der des gewöhnlichen, einfachen, alltäglichen Daseins.

DER WEG DES CHUANG TSE

DER NUTZLOSE BAUM

Hui Tse sagte zu Chuang:
„Hier ist ein großer Baum,
Man nennt ihn einen ‚Stinkbaum'.
Der Stamm ist derart verwachsen,
So voller Knorren,
Dass niemand ein gerades Brett
Daraus machen kann. Die Äste sind so verkrümmt,
Dass man sie nicht zerschneiden kann
Auf irgendeine sinnvolle Weise.

Da steht er am Straßenrand.
Kein Zimmermann würde ihn auch nur eines Blickes würdigen.

So ist deine Lehre –
Groß und nutzlos."

Chuang Tse antwortete:
„Hast du jemals die Wildkatze beobachtet?
Kauernd, die Beute im Blick –
Sie springt hierhin und dorthin,
Nach oben und nach unten und zum Schluss
Landet sie in der Falle.

Doch hast du auch das Yak gesehen?
Groß wie eine Gewitterwolke
Steht es dort mächtig.

Groß? Gewiss,
Doch kann es keine Mäuse fangen!

Zu deinem großen Baum also. Ohne Nutzen?
Dann pflanze ihn in die Ödnis,
In die Leere.

Gehe im Müßiggang um ihn herum,
Ruhe in seinem Schatten;
Keine Axt und kein Gewinn
Werden ihm ein Ende setzen.
Niemand wird ihn jemals fällen.

Nutzlos? Du solltest dir Gedanken machen!“

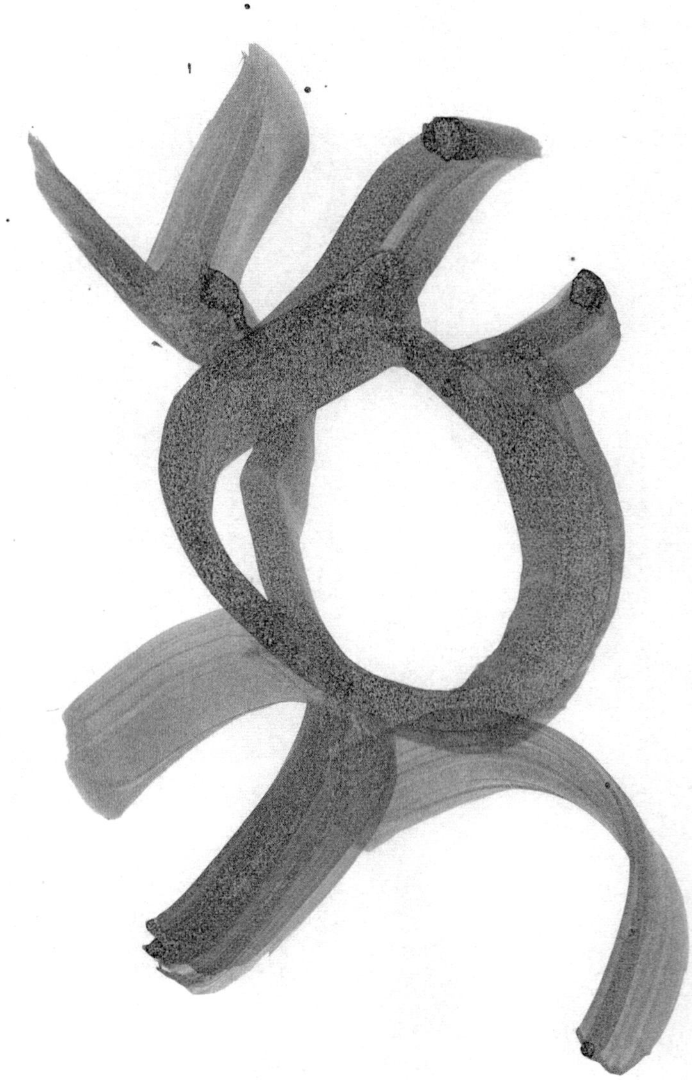

EIN HUTVERKÄUFER UND EIN FÄHIGER HERRSCHER

Ein Mann aus Song machte Geschäfte
Mit Zeremonienhüten aus Seide.
Er reiste mit einer Ladung Hüten
Zu den wilden Männern im Süden.
Die wilden Männer hatten kahlgeschorene Köpfe,
Tätowierte Körper.
Was wollten sie
Mit seidenen
Zeremonienhüten?

Yao hatte weise
Über China regiert.
Er hatte der ganzen Welt
Ruhe gebracht.
Danach ging er
Die Vier Vollkommenen zu besuchen
In den weit entfernten Bergen
Von Ku Shih.
Als er zurückkam
Über die Grenze
In seine Stadt
Verlor er den Blick,
Sah keinen Thron.

DER ATEM DER NATUR

Wenn die große Natur seufzt, hören wir die Winde,
Die, selbst ohne Stimme,
Die Stimmen der anderen Wesen wecken,
Indem sie ihnen wehen.
Aus jeder Öffnung
Erklingen laute Stimmen. Hast du es nicht gehört,
Dieses Rauschen der Töne?

Dort neigen sich die Bäume
Über den steilen Hang:
Alte Bäume mit Löchern und Rissen,
Wie Schnauzen, Schlünde und Ohren,
Wie Kerben in Balken, wie Kelche,
Ritzen im Holz, Mulden voller Wasser:
Man hört Muhen und Brüllen, Pfeifen,
Gerufene Kommandos, Murren,
Tiefes Summen, traurige Flötentöne.
Ein Ruf weckt den nächsten im Wechsel.
Sanfte Winde singen zaghaft,
Starke reißen hemmungslos.
Dann erstirbt der Wind. Die Öffnungen
Entladen ihren letzten Klang.
Hast du nicht beobachtet, wie alles dann erzittert
Und verebbt?

Yu antwortete: „Ich verstehe:
Die Musik der Erde singt durch tausend Löcher.
Die Musik der Menschen wird auf Flöten und Instrumenten
Gespielt.
Was erschafft die Musik des Himmels?“

Meister Ki sprach:
„Etwas bläst auf tausend verschiedenen Löchern.

Irgendeine Kraft liegt hinter all dem und lässt die Klänge Verklingen.
Was ist diese Kraft?“

GROSSES WISSEN

Großes Wissen sieht alles in einem.
Kleines Wissen teilt in viele.

Wenn der Leib schläft, ist die Seele eingehüllt im Einen.
Wenn der Leib wacht, beginnen die Öffnungen zu
Funktionieren.
Sie ertönen mit jeder Begegnung,
Mit all den verschiedenen Angelegenheiten des Lebens, den
Bestrebungen des Herzens;
Die Menschen sind erstarrt, verwirrt, verloren im Zweifel.
Kleine Ängste verzehren den Frieden ihrer Herzen.
Große Ängste verschlucken sie im Ganzen.
Pfeile auf ein Ziel geworfen: getroffen und verfehlt,
Richtig und falsch.
Das ist es, was die Menschen Urteil nennen, Entscheidung.
Ihre Behauptungen sind so endgültig
Wie Abkommen zwischen Herrschern.
Oh, sie machen ihren Standpunkt deutlich.
Und doch fallen ihre Argumente schneller und kläglicher
Als totes Laub im Herbst und Winter.
Ihre Reden fließen heraus wie Pisse,
Nie wieder können sie zurückgenommen werden.
Am Ende stehen sie da, erstarrt, gefesselt und geknebelt,
Verstopft wie alte Abflussrohre.
Der Verstand versagt. Er wird das Licht nicht wieder sehen.

Vergnügen und Wut
Traurigkeit und Glück
Hoffen und Bedauern
Wandel und Bestand
Schwäche und Entschluss
Ungeduld und Faulheit:
Alles Klänge derselben Flöte,

Alles Pilze vom selben feuchten Schimmel.
Tag und Nacht folgen aufeinander und kommen über uns,
Ohne dass wir sehen, wie sie sprießen!

Genug! Genug!
Früher oder später treffen wir das „dies",
Aus dem „sie" alle wachsen.

Wenn es kein „dies" gäbe,
Gäbe es kein „das".
Wenn es kein „das" gäbe,
Gäbe es nichts für all die Winde, um darauf zu spielen.
So weit können wir gehen.
Doch wie sollen wir verstehen,
Wodurch sie bewirkt werden?

Man kann sich wohl den Wahren Lenker vorstellen,
Der hinter allem ist. Dass eine solche Kraft wirkt,
Kann ich glauben. Seine Form kann ich nicht sehen.

Es tut, doch hat keine Form.

DER ANGELPUNKT

Das Tao bleibt verborgen, wenn der Mensch von einem gegensätzlichen Paar bloß die eine Seite begreift oder sich bloß auf einen Teilaspekt des Seins konzentriert. Dann wird auch ein klarer Ausdruck durcheinander gewirbelt im schieren Spiel mit Worten, in dem ein Aspekt bestätigt wird und der ganze Rest bestritten.

Daher der Zwist zwischen Konfuzius und Mo Tse; der eine bestreitet, was der andere bestätigt und bestätigt, was der andere bestreitet. Welchen Nutzen bringen solche Anstrengungen, ein „Nein" gegen ein „Ja" zu setzen und ein „Ja" gegen ein „Nein"? Es ist besser, diese hoffnungslosen Bemühungen aufzugeben und wahres Licht zu suchen.

Es gibt nichts, was nicht vom Standpunkt des „Nicht-Ichs" gesehen werden kann. Und es gibt nichts, was nicht vom Standpunkt des „Ichs" gesehen werden kann. Wenn ich damit beginne, alles vom Standpunkt des „Nicht-Ichs" zu betrachten, dann *sehe* ich es nicht wirklich, denn es ist ja das „Nicht-Ich", das es sieht. Wenn ich dort beginne, wo ich bin und es so sehe, wie ich es sehe, dann kann ich es möglicherweise auch so sehen, wie ein anderer es sieht. Daher die Theorie der Verkehrung(9), der zufolge Gegensätze einander erschaffen, voneinander abhängen und sich gegenseitig ergänzen.

Wie auch immer, der Tod folgt auf das Leben; das Leben folgt auf den Tod. Das Mögliche wird unmöglich; das Unmögliche wird möglich. Richtig verändert sich zu Falsch und Falsch zu Richtig – der Fluss des Lebens verändert die Umstände und damit verändern sich auch die Dinge selbst. Doch die Disputanten bestätigen und bestreiten immer wieder dieselben Dinge, die sie schon immer bestätigt oder bestritten haben und ignorieren die neuen Aspekte der Wirklichkeit, die durch den Wandel der Gegebenheiten offenbar werden.

Der Weise, anstatt diesen oder jenen Punkt durch logische Schlussfolgerungen belegen zu wollen, sieht alle Dinge im Licht seiner unmittelbaren Intuition. Er ist nicht von der Begrenztheit des „Ichs“ gefangen, denn die Perspektive der unmittelbaren Intuition umfasst sowohl die des „Ichs“ als auch die des „Nicht-Ichs“. Daher erkennt er, dass auf beiden Seiten eines jeden Arguments jeweils sowohl Richtig als auch Falsch liegen. Er erkennt ebenso, dass sie beide zum Schluss auf Dasselbe zurückzuführen sind, wenn sie einmal auf den Angelpunkt des Tao bezogen sind.

Wenn der Weise diesen Punkt erfasst, dann befindet er sich im Zentrum des Kreises und steht dort, während sich „Ja“ und „Nein“ gegenseitig entlang der Kreislinie jagen.

Der Angelpunkt des Tao durchzieht das Zentrum, in dem alle Erklärungen und Einsprüche zusammenkommen. Derjenige, der den Punkt erfasst, befindet sich am Ruhe-Ort, von dem aus sämtliche Bewegungen und Gegenbewegungen in ihrer tatsächlichen Beziehung zueinander gesehen werden können. Daher erkennt er die unendlichen Möglichkeiten sowohl des „Ja“ wie auch des „Nein“. Wenn er alle Gedanken daran, eine Grenze zu ziehen oder sich für eine der beiden Seiten entscheiden zu müssen, aufgibt, dann ruht er in der unmittelbaren Intuition. Daher sagte ich: „Es ist besser, das Streiten aufzugeben und das wahre Licht zu suchen.“

DREI AM MORGEN

Wenn wir uns den Kopf zerbrechen, uns stur an eine einseitige Sichtweise der Dinge klammern und uns weigern, eine tiefere Übereinstimmung zwischen Diesem und seinem genauen Gegenteil zu sehen, dann nennen wir dies „Drei am Morgen".

Was hat es mit „Drei am Morgen" auf sich? Ein Affenbändiger ging zu seinen Affen und sagte ihnen: „Was eure Kastanien betrifft: Ihr bekommt drei Portionen am Morgen und vier am Nachmittag." Da wurden die Affen wütend. Also sagte er: „Gut, wenn das so ist, werde ich euch vier am Morgen und drei am Nachmittag geben." Da waren sie zufrieden.

Die beiden Zuteilungen waren gleich, da die Zahl der Kastanien sich nicht verändert hatte. Doch im einen Fall waren die Tiere verärgert, im anderen waren sie zufrieden. Der Bändiger war bereit, die Regelung zu ändern, sodass sie den Vorstellungen der Affen entgegenkam. Er verlor dadurch nichts!

Der wahre Weise zieht beide Seiten der Fragestellung ohne Vorurteil in Betracht und sieht sie beide im Licht des Tao.

Dies wird genannt: Zwei Richtungen zur selben Zeit einschlagen.[10]

EINEN OCHSEN ZERLEGEN

Prinz Wen Huis Koch
Zerlegte einen Ochsen.
Eine Hand fuhr aus,
Eine Schulter fiel,
Er setzte einen Fuß auf,
Er drückte mit einem Knie,
Der Ochse fiel auseinander
Mit einem Wispern,
Das breite Messer raunte
Wie ein sachter Wind.
Rhythmus! Präzision!
Wie ein heiliger Tanz,
Wie „Der Maulbeer-Hain",
Wie uralte Weisen!

„Gute Arbeit!" rief der Prinz,
„Deine Methode ist tadellos!"
„Methode?" rief der Koch
Und legte sein Messer beiseite,
„Ich folge dem Tao
Jenseits aller Methoden!

Als ich zum ersten Mal
Einen Ochsen zerlegte,
Sah ich vor mir
Den ganzen Ochsen
In einem Stück.
Doch nach drei Jahren
Sah ich nicht mehr dieses ganze Stück.
Ich sah die einzelnen Teile.

Jetzt aber sehe ich nichts
Mit dem Auge. Mein ganzes Sein

Erfasst.
Meine Sinne sind leer. Der Geist
Frei, um ohne Plan zu arbeiten,
Folgt seinem Instinkt
Geführt von der natürlichen Linie,
Von der geheimen Öffnung, dem verborgenen Raum.
Mein Messer findet seinen eigenen Weg.
Ich zerschneide kein Gelenk, zerhaue keine Knochen.

Ein guter Koch braucht ein neues Messer
Jedes Jahr – er schneidet.
Ein schlechter Koch braucht ein neues
Jeden Monat – er hackt!

Ich benutze dieses eine Messer
Seit neunzehn Jahren.
Es hat eintausend
Ochsen zerlegt.
Seine Klinge ist so scharf
Als wäre sie gerade neu geschliffen.

Es gibt Platz zwischen den Gelenken,
Die Klinge ist dünn und scharf:
Wenn dieses Dünne
Den Platz findet
Dann ist das aller Platz, den man braucht!
Es ist wie eine Brise!
Daher habe ich dieses Messer seit neunzehn Jahren
Als wäre es gerade geschliffen!

Es stimmt, manchmal sind dort
Harte Gelenke. Ich fühle, wenn sie kommen.
Ich mache langsam, schaue genau,
Warte, bewege die Klinge kaum,
Und whump! das Stück fällt ab,
Landet dort wie ein Klumpen Erde.

Dann ziehe ich die Klinge zurück,
Stehe still,
Und lasse die Freude der Arbeit
In mich sinken.
Ich säubere die Klinge
Und lege sie weg."

Prinz Wan Hui sagte:
„Das ist es! Mein Koch hat mir gezeigt,
Wie ich mein Leben
Leben sollte!"

DER MANN MIT NUR EINEM FUSS UND DER SUMPF-FASAN

Kung Wen Hsien sah einen verstümmelten Beamten,
Sein linker Fuss war abgeschnitten worden –
Zur Strafe in einer politischen Sache!

„Was für ein Mensch“, rief er aus „ist diese ein-füßige
Kuriosität?
Wie konnte er so diesen Weg gehen? Sollten wir sagen
Der Mensch tat dies, oder der Himmel?“

„Der Himmel“, sagte er „dies kommt vom
Himmel, nicht vom Menschen.
Wenn der Himmel diesem Mann das Leben gab, wollte er,
Dass er sich von den anderen abhebe
Und schickte ihn in die Politik,
Um ihn zu unterscheiden.
Schaut! Nur ein Fuß! Dieser Mann ist *anders*!“

Der kleine Sumpf-Fasan
Muss zehn Mal hüpfen,
Um auch nur ein Korn zu finden.

Er muss hundert Schritte rennen
Bevor er einen Schluck Wasser bekommt.
Und doch bittet er nicht darum,
In einen Hühnerstall zu kommen.

Obwohl er alles haben könnte, was er möchte,
Direkt vor seiner Nase.

Er würde eher rennen
Und sein eigenes kleines Leben suchen,
Frei.

DAS FASTEN DES HERZENS

Yen Hui, der Lieblingsschüler des Konfuzius, kam zu diesem, um sich von seinem Meister zu verabschieden.
„Wohin gehst Du?" fragte Konfuzius.
„Ich gehe nach Wei."
„Und warum?"

„Ich habe gehört, der Prinz von Wei sei ein lüsterner, heißblütiger Mensch und ganz und gar starrsinnig. Er kümmere sich nicht um sein Volk und weigere sich, irgendwelche Fehler bei sich selbst zu erkennen. Es sei ihm gleich, dass seine Untertanen überall um ihn herum sterben. Leichen lägen im ganzen Land verstreut wie Heu auf einem Feld. Die Menschen seien verzweifelt. Doch ich habe euch sagen hören, Meister, dass man dasjenige Land, das gut regiert wird, verlassen und in das Land gehen solle, das in Unordnung geraten ist. Vor der Tür des Arztes sind viele Kranke. Und ich möchte die Gelegenheit nutzen, um das, was ich von euch gelernt habe, anzuwenden und zu sehen, ob ich dort für eine Verbesserung der Verhältnisse sorgen kann.

„Oh weh!", rief Konfuzius, „du weißt nicht, was du da tust. Du wirst Unheil über dich bringen. Das Tao benötigt deinen Eifer nicht, und du wirst nur deine Energien mit diesem Eifer vergeuden. Erst vergeudest du deine Energie, dann wirst du verwirrt und schließlich ängstlich werden. Wenn du einmal ängstlich geworden bist, wirst du dir selbst nicht mehr helfen können. Die alten Weisen suchten das Tao zuerst in sich und schauten dann, ob es in anderen etwas gab, das dem Tao, so wie sie es kannten, entsprach. Aber wenn du selbst das Tao nicht hast, was hast du dann davon, deine Zeit damit zu verbringen, korrupten Politikern den rechten Weg zu zeigen? Nun gut, ich vermute jedoch, dass du einen Grund für deine Hoffnung auf Erfolg hast. Wie willst du es bewerkstelligen?"

Yen Hui antwortete: „Ich habe vor, mich als bescheidenen, uneigennützigen Menschen zu präsentieren, der nur das Rechte tun möchte und sonst nichts: ein einfacher und ehrlicher Ansatz. Wird dies sein Vertrauen gewinnen?“

„Natürlich nicht“, antwortete Konfuzius. „Dieser Mensch ist davon überzeugt, dass nur er allein recht hat. Er mag nach außen hin vorgeben, sich für eine objektive Gerechtigkeit zu interessieren, aber lass dich von seinen Manieren nicht täuschen. Er ist es nicht gewohnt, dass ihm jemand widerspricht. Er vergewissert sich, dass er recht hat, indem er auf anderen Menschen herumtrampelt. Wenn er dies schon bei durchschnittlichen Menschen tut, so wird er es erst recht bei einem tun, der eine Bedrohung darstellt, indem er behauptet, ein Mann mit großen Eigenschaften zu sein. Er wird hartnäckig an seinem eigenen Weg festhalten. Er mag so tun, als sei er an einem Gespräch mit dir über das, was objektiv richtig ist, interessiert, aber innerlich wird er dir nicht zuhören, und es wird keine Veränderung geben. Damit wirst du nichts erreichen."

Daraufhin sagte Yen Hui: „Nun gut. Anstatt mich direkt gegen ihn zu stellen, werde ich meine eigenen Maßstäbe also für mich behalten und nach außen hin werde ich nachgiebig erscheinen. Ich werde mich auf die Traditionen und auf die Beispiele aus der Vergangenheit berufen. Wer innerlich entschieden ist, ist ebenso ein Sohn des Himmels wie alle Herrscher. Ich werde mich auf keine eigene Lehre stützen und mich folglich auch nicht darum kümmern, ob ich anerkannt werde oder nicht. Ich werde schließlich als ganz und gar uneigennützig und aufrichtig angesehen werden. Alle werden meine Offenheit schätzen, und so werde ich ein Werkzeug des Himmels inmitten der anderen sein. Auf diese Weise, indem ich mich dem Fürsten so wie alle anderen ergebe, mich verbeuge, niederknie, mich niederwerfe, so wie es ein Diener tut, werde ich ohne Tadel aufgenommen werden. Dann werden die anderen Vertrauen zu mir fassen, und allmählich werden sie sich meiner bedienen, da ich lediglich den Wunsch habe, mich nützlich zu machen und zum Wohle aller zu wirken. So werde ich ein zu einem Werkzeug der Menschen werden.

Unterdessen werde ich alles, was ich zu sagen habe, in den

Begriffen der alten Traditionen ausdrücken. Ich werde mittels der geheiligten Tradition der alten Weisen vorgehen. Auch wenn das, was ich sage, tatsächlich eine Verurteilung des Verhaltens des Prinzen sein mag, werde nicht ich es sein, der es sagt, sondern die Tradition selbst. Auf diese Weise werde ich vollkommen ehrlich sein und dennoch keinen Anstoß erregen. So werde ich zu einem Werkzeug der Tradition. Glaubt Ihr, dass dies die richtige Vorgehensweise ist?"

„Natürlich nicht", sagte Konfuzius. „Du hast zu viele verschiedene Pläne, wenn du doch den Prinzen noch nicht einmal kennengelernt und seinen Charakter beobachtet hast! Im besten Fall kommst du davon und rettest deine Haut, aber ändern wirst du nichts. Vielleicht wird er deinen Worten scheinbar zustimmen, aber es wird keine wirkliche Verwandlung des Herzens geben."

Daraufhin sagte Yen Hui: „Nun, das ist das Beste, was ich anzubieten habe. Wollt Ihr, Meister, mir sagen, was Ihr vorschlagt?"

„Du musst *fasten*!" sagte Konfuzius. „Weißt du, was ich mit Fasten meine? Es ist nicht bequem. Doch bequeme Wege sind nicht Gottes Wege."

„Oh", sagte Yen Hui, „Ich bin ans Fasten gewöhnt! Zuhause waren wir arm. Wir haben monatelang ohne Wein und Fleisch gelebt. Das ist doch Fasten, oder nicht?"

„Nun, das könntest du *das-Fasten-beobachten* nennen, wenn du so willst", sagte Konfuzius. „Doch es ist nicht das Fasten des Herzens."

„Erklärt es mir", sagte Yen Hui. „Was ist das Fasten des Herzens?"

Konfuzius antwortete: „Das Ziel des Fastens ist die innere Einheit. Das bedeutet Hören, aber nicht mit dem Ohr; Hören, aber nicht mit dem Verstand; Hören mit dem Geist, mit dem ganzen Wesen. Das Hören, das nur mit den Ohren geschieht, ist eine Sache. Das Hören mit dem Verstand ist eine andere. Aber das Hören des Geistes ist nicht auf eine bestimmte Sinnes-Fähigkeit beschränkt, weder auf das Ohr noch auf den Verstand. Daher verlangt es die Leere aller Sinne. Und wenn die Sinne leer sind, dann hört das ganze Wesen. Es gibt dann ein direktes Erfassen dessen, was direkt vor einem ist und was niemals mit dem Ohr gehört oder mit dem Verstand begriffen werden kann. Das Fasten des Herzens leert die Sinne, es befreit von Begrenzung und Voreingenommenheit. Das Fasten des Herzens bringt Einheit und Freiheit ans Licht."

„Ich verstehe", sagt Yen Hui. „Was mir im Wege stand, war meine Selbst-Wahrnehmung. Wenn ich mit dem Fasten des Herzens beginne, wird die Selbst-Wahrnehmung verschwinden. Dann werde ich frei von Begrenzung und Voreingenommenheit sein! Ist es das, was Ihr meint?"

„Ja", sagte Konfuzius. „Das ist es! Wenn du dies kannst, wirst du in der Lage sein, dich in der Welt der Menschen zu bewegen, ohne sie zu verärgern. Du wirst nicht in Konflikt mit dem idealen Bild geraten, das sie von sich selbst in sich tragen. Wenn sie es hören wollen, singe ihnen ein Lied. Wenn nicht, dann schweige. Probiere keine neuen Medikamente an ihnen aus. Sei einfach unter ihnen, denn es gibt nichts anderes für dich zu sein, als einer von ihnen. Dann wirst du vielleicht Erfolg haben. Es ist leicht, still zu stehen und keine Spuren zu hinterlassen, aber es ist schwer, zu gehen, ohne den Boden zu berühren. Wenn du menschlichen Methoden folgst, kannst du mit Täuschungen davonkommen, auf dem Weg des Tao ist keine Täuschung möglich.

Du weißt, dass man mit Flügeln fliegen kann: Du hast jedoch noch nicht gelernt, wie man ohne Flügel fliegt. Du kennst die Weisheit derer, die wissen, aber du hast noch nicht die Weisheit derer kennengelernt, die nicht wissen.

Sieh dir dieses Fenster an: Es ist nichts weiter als ein Loch in der Wand, aber es schenkt dem ganzen Raum das Licht. Wenn also die Sinne leer sind, dann ist das Herz voller Licht. Da es voller Licht ist, wirkt es auf eine Weise, durch welche die anderen ganz heimlich verwandelt werden."

DREI FREUNDE

Drei Freunde
Diskutierten über das Leben.
Einer sagte:
„Können die Menschen zusammen leben
Und nichts darüber wissen?
Zusammen arbeiten
Und nichts herstellen?
Können sie im Raum herumfliegen
Und vergessen, dass sie existieren?
Eine Welt ohne Ende?"
Die drei Freunde sahen einander an
Und brachen in Gelächter aus.
Sie hatten keine Erklärung.
Und so waren sie bessere Freunde als zuvor.

Dann starb einer der Freunde.
Konfuzius
Schickte einen Schüler, der den beiden dabei helfen sollte,
Die Totenklage zu singen.

Der Schüler erfuhr, dass einer der Freunde
Ein Lied komponiert hatte.
Und der andere die Laute dazu spielte,
Sie sangen:

„Hey, Sung Hu!
Wo bist du hin?
Hey, Sung Hu!
Wo bist du hin?
Du bist gegangen
Dorthin, wo du wirklich warst.
Und wir sind hier –
Verdammt! Wir sind hier!"

Da stürzte der Schüler des Konfuzius auf sie zu und
Schrie: „Darf ich fragen, wo ihr das in den Aufzeichnungen für die Totenklagen gefunden habt,
Ein solch frivoles Gesinge im Beisein des Verstorbenen?"

Die beiden Freunde sahen einander an und lachten:
„Armer Kerl", sagten sie, „er kennt nicht die neue Liturgie!"

LAO TSES TOTENWACHE

Lao Tan war tot
Chin Shih besuchte die Totenwache.
Er stieß drei Schreie aus
Und ging nach Hause.

Einer der Schüler sagte:
„Wart Ihr nicht ein Freund des Meisters?"
„Gewiss", antwortete er.

„Ist es dann zufriedenstellend für Euch,
Wenn Ihr nicht besser trauert, als Ihr es eben getan habt?"

„Zuerst", sagte Chin Shih, „dachte ich
Er sei der größte von allen.
Jetzt nicht mehr! Als ich kam, um zu trauern,
Sah ich alte Männer, die ihn wie einen Sohn beweinten,
Junge Männer, die wie um ihre Mutter klagten.
Wie hat er sie so fest an sich gebunden, wenn nicht
Durch Worte, die er nie hätte sagen-
Und Tränen, die er nie hätte weinen dürfen?

Er hat sein wahres Wesen abgeschwächt,
Er hat Schicht um Schicht
An Emotionen darauf gelegt,
Hat das große Ansehen erhöht:
Er vergaß das Geschenk, das Gott ihm anvertraut hatte:
Das nannten die Alten
‚Strafe für die Missachtung des Wahren Selbst'.

Der Meister kam zur rechten Zeit
In die Welt. Als seine Zeit abgelaufen war,
Verließ er sie wieder.
Der, welcher auf seine Zeit wartet, welcher sich fügt,

Wenn seine Arbeit getan ist,
In dessen Leben ist weder Platz
Für Trauer noch für Jubel.
Und so sagten es die Alten
In vier Worten:
    ‚Gott trennt den Faden.'

Wir haben ein Feuer von Holzstöcken
Ausbrennen sehen. Das Feuer
Brennt nun an einem anderen Ort. Wo?
Wer weiß es schon? Diese Feuer jedenfalls
Sind ausgebrannt."

KONFUZIUS UND DER IRRE

Als Konfuzius das Land Chu besuchte,
Kam Kieh Yu,
Der Irre von Chu
Und sang vor der Tür des Meisters:
„Oh Phoenix, Phoenix,
Wo ist deine Tugend geblieben?
Sie kann nicht in die Zukunft reichen
Und auch die Vergangenheit nicht wiederbringen!
Ergibt die Welt einen Sinn,
So haben die Weisen zu tun.
Sie können sich nur verstecken,
Wenn die Welt aus den Fugen gerät.
Heutzutage, wenn du am Leben bleibst,
Kannst du dich glücklich schätzen:
Versuche zu überleben!

Freude ist federleicht
Doch wer kann sie tragen?
Der Kummer rutscht wie ein Hang,
Wer kann ihn halten?

Niemals, niemals
Mehr lehre die Tugend.
Du bist in Gefahr,
Hüte dich, hüte dich!
Sogar das Farnkraut kann deine Füße zerschneiden –
Wenn ich als Irrer gehe,
So gehe ich recht:
Doch bin ich jemand,
dem man es gleichtut?"

Der Baum auf dem Gipfel des Berges ist sich selbst ein Feind.
Das Öl, das die Lampe nährt, verschlingt sich selbst.

Der Zimtbaum ist essbar: Und so wird er gefällt!
Der Lackbaum bringt Gewinn: Sie verstümmeln ihn.
Jeder Mensch weiß, wie nützlich es ist, nützlich zu sein.

Niemand scheint zu wissen
Wie nützlich es ist, nutzlos zu sein.

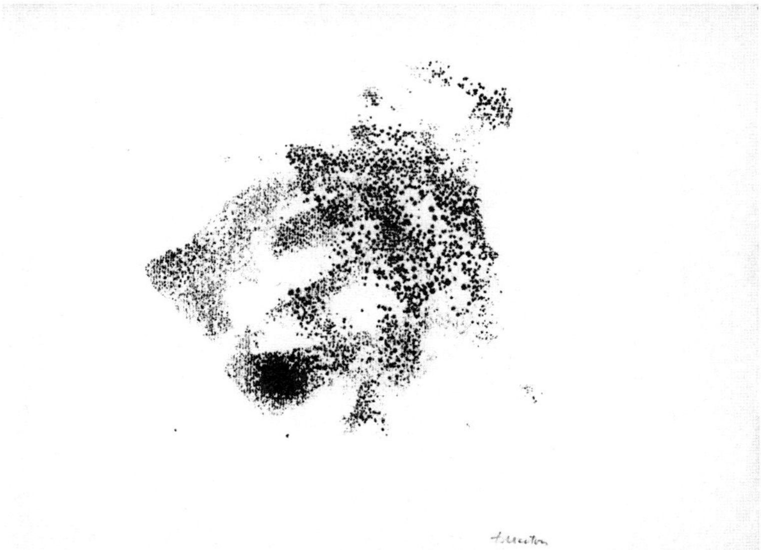

DER WAHRE MENSCH

Was ist gemeint mit „ein wahrer Mensch"?
Die wahren Menschen in alter Zeit sorgten sich nicht,
Wenn sie alleine standen mit ihren Ansichten.
Keine Heldentaten. Keine Pläne.
Wenn sie scheiterten, kein Bedauern.
Keine Selbstbeweihräucherung im Erfolg.
Sie erklommen Klippen, niemals schwindelig,
Tauchten in Wasser, niemals nass,
Gingen durch Feuer und wurden nicht verbrannt.
So reichte ihr Wissen bis ganz
Zum Tao.

Die wahren Menschen in alter Zeit
Schliefen ohne Träume,
Erwachten ohne Kummer.
Ihre Speisen waren einfach.
Sie atmeten tief.
Wahre Menschen atmen aus ihren Fersen.
Die anderen atmen mit ihrem Schlund,
Halb gewürgt. Im Streit
Spucken sie die Argumente aus
Wie Erbrochenes.

Wo die Brunnen der Leidenschaft
In die Tiefe reichen
Sind die himmlischen Quellen
Schnell versiegt.

Die wahren Menschen in alter Zeit
Kannten keine Lust am Leben,
Keine Furcht vor dem Tod.
Ihr Eintritt war ohne Fröhlichkeit,
Ihr Ausgang, jenseits,

Ohne Widerstand.
Leicht gekommen, leicht gegangen.
Sie vergaßen nicht, woher,
Und fragten nicht, wohin,
Und gingen nicht einfach grimmig voran,
Sich ihren Weg durchs Leben erkämpfend.
Sie nahmen das Leben, wie es kam, freudig;
Nahmen den Tod, wie er kam, ohne sich zu sorgen;
Und gingen weiter, jenseits,
Jenseits!

Sie hatten keinen Sinn dafür, das Tao zu bekämpfen.
Sie versuchten nicht, durch eigenes Ersinnen,
Dem Tao zu helfen.
Das sind diejenigen, die wir *wahre Menschen* nennen.

Köpfe frei, Gedanken vergangen,
Brauen gerade, Gesichter gelassen.
Waren sie kühl? Nur so kühl wie der Herbst.
Waren sie heiß? Nicht heißer als der Frühling.
Alles, was von ihnen kam,
Kam leise, wie die vier Jahreszeiten.

METAMORPHOSE

Vier Männer führten ein Gespräch. Jeder von ihnen sagte:
„Derjenige, der weiß,
Dass er die Leere in seinem Kopf,
Das Leben als sein Rückgrat
Und den Tod als seinen Schweif hat –
Der soll mein Freund sein!“

Daraufhin schauten sie einander an,
Sahen, dass sie sich einig waren,
Brachen in Gelächter aus
Und wurden Freunde.

Dann wurde einer von ihnen krank,
Und ein anderer kam, um ihn zu besuchen.
„Groß ist der Schöpfer“, sagte der Kranke,
„Der mich so gemacht hat, wie ich bin!“

„Ich bin so verkrümmt,
Meine Eingeweide sind mir über den Kopf gewachsen;
Auf meinem Nabel
Ruht mein Kinn;
Meine Schultern stehen
Über meinen Hals hinaus;
Meine Scheitel ist ein Geschwür,
Das gen Himmel blickt;
Mein Körper ist ein Chaos,
Doch mein Geist ist in Ordnung.“

Er schleppte sich zum Brunnen,
Sah sein Spiegelbild und sprach
„Was für ein Durcheinander
Hat er aus mir gemacht!“

Sein Freund fragte:
„Bist du entmutigt?"

„Ganz und gar nicht! Warum sollte ich es sein?
Wenn er mich auseinander nimmt
Und einen Hahn
Aus meiner linken Schulter macht,
Werde ich den Morgen verkünden.
Wenn er eine Armbrust
Aus meiner rechten Schulter macht,
Werde ich Entenbraten besorgen.
Wenn meine Pobacken zu Rädern werden
Und mein Geist zu einem Pferd,
Werde ich mich selbst anspannen und herumfahren
In meinem eigenen Wagen!"

„Es gibt eine Zeit, um etwas zusammenzusetzen
Und eine andere Zeit, um es auseinander zu nehmen.
Derjenige, der diesen Lauf
Der Dinge versteht,
Nimmt jeden neuen Zustand
Zur gegebenen Zeit an
Ohne Kummer und ohne Freude.
Die Alten sagten: ‚Der Gehängte
Kann sich nicht selbst abschneiden.'
Aber zur rechten Zeit ist die Natur stärker
Als alle seine Seile und Fesseln.
So war es immer.
Wo wäre da ein Grund,
Entmutigt zu sein?"

DER MENSCH IST GEBOREN IM TAO

Fische sind geboren im Wasser,
Der Mensch ist geboren im Tao.
Wenn Fische, geboren im Wasser,
Die tiefen Schatten suchen
In Teichen und Tümpeln,
Sind alle ihre Bedürfnisse
Befriedigt.
Wenn der Mensch, geboren im Tao,
In die tiefen Schatten
Des Nicht-Tuns sinkt,
Angriffe und Sorgen vergisst,
Fehlt es ihm an nichts,
Sein Leben ist sicher.

Moral: „Alles, was der Fisch braucht,
Ist, sich zu verlieren im Wasser.
Alles, was der Mensch braucht, ist, sich zu verlieren
Im Tao."

ZWEI KÖNIGE UND KEINE-FORM

Der König des südlichen Meeres war Handle-nach-Gefühl.
Der König des nördlichen Meeres war Handle-schnell.
Der König des Ortes dazwischen war
Ohne-Form.

Der König des südlichen Meeres
Und der König des nördlichen Meeres
Gingen oft gemeinsam
In das Land von Ohne-Form:
Dieser behandelte sie gut.

Also berieten sie sich
Und ließen sich etwas Schönes einfallen,
Eine angenehme Überraschung für Ohne-Form,
Als ein Zeichen der Wertschätzung.

„Die Menschen", sagten sie „haben sieben Öffnungen,
Zum Sehen, Hören, Essen, Atmen
Und so weiter. Doch Ohne-Form
Hat keine Öffnungen. Machen wir ihm also
Ein paar Löcher."
Und daraufhin
Machten sie Löcher in Ohne-Form,
Eines pro Tag, sieben Tage lang.
Und als sie mit der siebten Öffnung fertig waren,
Da war Ihr Freund tot.

Lao Tan sagte: „Organisieren bedeutet zerstören."

DEN GELDSCHRANK KNACKEN

Um sich gegen Räuber zu schützen, die Geldbörsen stehlen, Koffer durchwühlen und Geldschränke knacken, muss man seinen gesamten Besitz mit Seilen festzurren, ihn mit Schlössern verschließen, mit Bolzen verschrauben.
Das sagt (dem Eigentümer) der gesunde Menschenverstand.
Doch wenn ein starker Dieb daher kommt, lädt er alles einfach auf, packt es auf seinen Rücken und geht seiner Wege mit nur einer Angst: Dass all die Seile, Schlösser und Bolzen versagen könnten.

Das, was die Welt als gutes Geschäft bezeichnet, ist also lediglich eine Art und Weise, die Beute zusammen zu raffen, sie zu packen und sie zu sichern, sodass sie eine praktische Ladung für die noch kühneren Diebe ergibt. Wer von denen, die schlau genannt werden, verbringt seine Zeit nicht damit, Beute für einen noch größeren Räuber, als sie selbst es sind, anzuhäufen?

Im Lande Khi, von Dorf zu Dorf,
Konnte man die Hähne krähen hören, die Hunde bellen,
Fischer warfen ihre Netze aus,
Bauern pflügten ihre weiten Felder,
Alles war sauber abgesteckt
Von Begrenzungslinien. Über fünfhundert Meilen
Gab es Tempel für die Ahnen, Altare
Für Feldgötter und Korngeister.
Jedes Gebiet, jeder Bezirk, jeder Distrikt
Wurde nach den Gesetzen und Statuten geführt –
Bis eines Morgens der Justizminister, Tien Khang Tzu,
Den König absetzte und den gesamten Staat übernahm.

Begnügte er sich damit, das Land zu stehlen? Nein,
Er übernahm zur gleichen Zeit auch die Gesetze und Statuten
Und ebenso die Juristen, ganz zu schweigen von der Polizei.

Er nahm einfach alles.

Natürlich nannten die Menschen Khang Tzu einen Räuber,
Doch sie ließen ihn gewähren,
Um auf diese Weise glücklich wie die Herrscher leben zu
Können.
Kein kleines Land sagte etwas gegen ihn,
Kein großes Land bewegte sich in seine Richtung.
Und so gehörte das Land von Khi für zwölf Generationen
Seiner Familie. Niemand macht ihm seine
Ansprüche streitig.

Die Erfindung
Von Gewichten und Maßen
Macht den Raub leichter.
Verträge unterzeichnen, Siegel setzen
Macht den Raub sicherer.
Von Liebe und Pflicht zu reden,
Ist das geeignete Vokabular,
Um aufzuzeigen, dass der Raub
Wohl wirklich dem Gemeinwohl diene.
Ein armer Mann muss hängen,
Wenn er eine Gürtelschnalle stiehlt.
Doch wenn ein reicher Mann ein ganzes Land stiehlt,
Dann wird er gefeiert
Als großer Staatsmann.

Wenn man also die besten Reden
Über Liebe, Pflicht, Gerechtigkeit und so weiter hören will,
Dann höre man den Staatsmännern zu.

Doch wenn der Fluss austrocknet,
Wächst nichts im Tal.
Wird der Hügel eingeebnet,
So füllt sich die Mulde neben ihm.

Und wenn die Staatsmänner und Juristen
Und Prediger der Pflicht verschwinden,
Dann gibt es auch keine Räubereien mehr,
Und die Welt ist im Frieden.

Moral: Je mehr man ethische Prinzipien anhäuft
Und Pflichten und Auflagen,
Um jedermann auf die Linie einzuschwören,
Desto mehr an Beute sammelt man an
Für einen Dieb wie Khang.
Mit ethischen Argumenten
Und moralischen Prinzipien
Wird schließlich gezeigt, dass die größten Verbrechen
Doch notwendig waren- und eigentlich
Von großem Nutzen
Für die Menschheit.

DIE DINGE IN RUHE LASSEN

Ich weiß, dass man die Welt in Ruhe lassen, nicht eingreifen sollte. Ich weiß nichts vom Organisieren. Dinge in Ruhe lassen: Damit die Menschen ihre Natur nicht über Bord werfen! Nicht eingreifen, damit die Menschen nicht zu etwas gemacht werden, das sie nicht sind! Wenn die Menschen nicht bis zur Unkenntlichkeit entstellt und verstümmelt werden, wenn ihnen erlaubt wird, zu leben – so ist der Zweck des Regierens erfüllt.
Zuviele Vergnügungen? Yang nimmt zu großen Einfluss.
Zuviele Leiden? Yin nimmt zu großen Einfluss.
Wenn das eine das andere überwiegt, so ist es, als ob die Jahreszeiten zur falschen Zeit erschienen. Das Gleichgewicht von Kalt und Heiß wäre gestört; der Körper des Menschen würde leiden. Zuviel Glück, zuviel Unglück, zur Unzeit – die Menschen werden aus dem Gleichgewicht geworfen. Was werden sie als nächstes tun? Die Gedanken spielen verrückt. Keine Kontrolle. Sie fangen irgendetwas an, beenden nichts. Hier beginnt der Wettstreit, hier wird die Idee von Vortrefflichkeit geboren und Räuber erscheinen in der Welt.
Und die ganze Welt ist weder Belohnung genug für die „Guten", noch Strafe genug für die „Bösen". Denn jetzt ist selbst die Welt nicht groß genug für Belohnung oder Bestrafung. Von der Zeit der Drei Dynastien an rennen die Menschen in alle Richtungen. Wie können sie Zeit finden, um menschlich zu sein?

Du schulst dein Auge und dein Blick giert nach Farbe. Du schulst dein Ohr und sehnst dich nach herrlichem Klang. Du erfreust dich daran, Gutes zu tun und deine natürliche Freundlichkeit kommt dir abhanden. Du erfreust dich an Gerechtigkeit und wirst über alle Maßen gerecht. Du übertreibst es mit der Liturgie und wirst zu einem Schmierenkomödianten. Wenn du deine Liebe zur Musik übertreibst, verfehlst du das Ziel. Die Liebe zur Weisheit führt zu weisem Grübeln. Die Liebe zum Wissen führt zur Suche nach Fehlern. Wenn die Menschen so blieben, wie sie wirklich sind, würde es keinen Unterschied machen, ob sie sich dieser acht Freuden hingäben oder nicht. Doch wenn sie nicht bleiben, wer sie sind, werden sich die acht Freuden wie böse Tumore entwickeln. Die Welt gerät in Verwirrung. Da die Menschen diese Freuden verehren und nach ihnen gieren, ist die Welt darüber blind geworden.

Wenn die Freude vorüber ist, halten sie noch immer an ihr fest: Sie umgeben das Andenken an sie mit ritueller Anbetung, sie fallen auf die Knie, um darüber zu sprechen, spielen Musik und singen, fasten und disziplinieren sich zum Lobpreis der acht Freuden. Wenn die Freuden zur Religion werden, wir kann man sie beherrschen?

Der Weise also, wenn er denn regieren muss, weiß, wie man nichts tut. Indem er die Dinge so sein lässt, ruht er in seiner wahren Natur. Derjenige, der regiert, wird diejenigen, die regiert werden, nicht mehr respektieren, als sich selbst. Wenn er sich selbst genügend liebt, um in seiner ursprünglichen Wahrheit zu ruhen, wird er über die anderen herrschen, ohne ihnen zu schaden. Er sollte seine tiefliegenden Triebe davon abhalten, die Oberhand zu gewinnen. Er sollte ruhig bleiben, nicht schauen, nicht hören. Er sollte sitzen wie ein Leichnam, mit der Kraft des Drachen lebendig um ihn herum. In absoluter Stille wird seine Stimme wie Donner klingen. Seine Bewegungen werden unsichtbar sein, wie die eines Geistes, doch die Kräfte des Himmels werden bei ihm sein. Unbesorgt, nichts tuend, wird er alle Dinge um sich herum reifen sehen. Wie könnte er Zeit finden, um zu herrschen?

DER KÖNIGLICHE MENSCH

Mein Meister sagte:
Das, was auf alle einwirkt und sich in nichts einmischt – ist der Himmel . . .

Der königliche Mensch erkennt dies, verbirgt es in seinem Herzen,
Wächst unbegrenzt, weit-blickend, zieht alles auf sich.
Und so lässt er das Gold versteckt im Berg,
Lässt die Perle in der Tiefe liegen.
Güter und Besitz sind kein Gewinn in seinen Augen,
Er bleibt dem Reichtum und der Ehre fern.
Langes Leben ist kein Grund zur Freude und früher Tod kein Unglück.
Erfolg ist nichts, was ihn stolz macht und Scheitern keine Schande.
Hätte er alle Macht der Welt, er würde sie nicht als sein Eigentum betrachten,
Würde er alles erobern, er würde es nicht für sich behalten.
Sein Ruhm besteht darin, zu wissen, dass alle Dinge zusammen kommen im Einen,
Und Leben und Tod gleich sind.

SO TIEF DAS TAO!

Mein Meister sagte: Tao, so tief, so still das Versteck! Tao, so klar. Ohne diese Stille würde Metall nicht klingen, der Stein würde geschlagen werden und gäbe keine Antwort. Die Kraft des Klangs ist im Metall und das Tao ist in allen Dingen. Wenn sie aufeinanderschlagen, klingen sie mit dem Tao und werden wieder still. Wer ist dort, jetzt, um allen Dingen ihren Platz zuzuweisen? Der König des Lebens geht seinen Weg in Freiheit, untätig, unbekannt. Er würde erröten, wenn er Handel triebe. Er belässt seine tiefen Wurzeln ganz im Ursprung, ganz in der Quelle. Sein Wissen entfaltet sich im Geist und er wird größer und größer, öffnet ein großes Herz, eine Zuflucht für die Welt. Unvorhergesehen kommt er daher, majestätisch. Ohne zu planen geht er seinen Weg und alle Dinge folgen ihm. Dies ist der königliche Mensch, der über dem Leben geht.

Er sieht in der Dunkelheit, hört, wenn dort nichts klingt. In der tiefen Dunkelheit sieht nur er ein Licht. In der Lautlosigkeit vernimmt nur er Musik. Er kann zum tiefsten aller tiefen Orte gehen und Menschen finden. Er kann am höchsten aller hohen Orte stehen und Bedeutung finden. Er steht in Verbindung zu allen Lebewesen. Das, was nicht ist, geht seiner Wege. Das, was sich bewegt, ist das, worauf er steht. Groß ist für ihn klein, lang ist kurz und alle Entfernungen sind nahe.

DIE VERLORENE PERLE

Der gelbe Herrscher ging auf Wanderschaft
In den Norden des Roten Wassers
Zum Berg Kwan Lun. Er schaute
Über den Rand der Welt. Auf dem Weg zurück
Verlor er seine nachtfarbene Perle.
Er schickte die Wissenschaft, um seine Perle zu suchen,
Ohne Ergebnis.
Er schickte die Analyse, um nach seiner Perle zu schauen,
Ohne Ergebnis.
Er schickte die Logik, um seine Perle zu suchen, ohne Ergebnis.
Dann fragte er das Nichts, und das Nichts hatte sie.

Der gelbe Herrscher sagte:
„Wirklich seltsam: Das Nichts,
Das nicht geschickt wurde,
Das sich keine Arbeit machte, es zu finden,
Hatte die nachtfarbene Perle!“

Jerusalem.

IN MEINEM ENDE IST MEIN ANFANG

Im Anfang der Anfänge war die Leere der Leere, das
Namenlose.
Und im Namenlosen war das Eine, ohne Körper, ohne Form.
Dieses Eine – dieses Sein, in welchem alles die Kraft zu
Existieren findet –
Ist das Leben.
Aus dem Leben kommt das Formlose, das Ungeteilte.
Aus dem Werk dieses Formlosen kommen die Existenzen,
Jede gemäß ihres inneren Prinzips. Dies ist Form.
Hier umarmt und ehrt der Körper den Geist.
Die beiden wirken zusammen als eines, mischen und
Manifestieren ihre Eigenschaften. Und dies ist die Natur.

Aber wer der Natur gehorcht, der kehrt durch die Form und
Das Formlose hindurch zurück zum Leben.
Und im Lebendigen
Schließt er sich dem unbegonnenen Anfang an.
Der Anschluss ist Gleichheit. Die Gleichheit ist Leere.
Die Leere ist unendlich.
Der Vogel öffnet seinen Schnabel und singt seine Note,
Und dann schließt sich der Schnabel wieder in Stille.
So treffen sich Natur und das Leben in der Leere.
Wie das Schließen des Vogelschnabels
Nach seinem Lied.
Himmel und Erde kommen zusammen im Unbegonnenen,
Und alles ist Narrheit, alles ist unbekannt, alles ist
Wie die Gedanken eines Schwachkopfes, alles ist ohne Geist!
Zu gehorchen heißt, den Schnabel schließen und ins
Nicht-beginnen fallen.

ALS DAS LEBEN GANZ WAR, GAB ES KEINE GESCHICHTE

In den Zeiten, als das Leben auf Erden ganz war, schenkte man weder den würdigen Menschen besondere Beachtung, noch hob man fähige Menschen hervor. Herrscher waren einfach nur die höchsten Äste des Baumes und die Menschen waren wie Rehe im Wald. Sie waren ehrlich und aufrichtig, ohne zu wissen, dass sie „ihre Pflicht erfüllten". Sie liebten einander und wussten nicht, dass dies die „Liebe zum Nachbarn" war. Sie hintergingen niemanden und wussten nicht, dass sie „vertrauenswürdige Menschen" waren. Sie waren verlässlich und wussten nicht, dass dies „guter Glaube" war. Sie lebten frei zusammen, gaben und nahmen und wussten nicht, dass sie großzügig waren. Daher wurde von ihren Taten nie berichtet. Sie haben keine Geschichte geschrieben.

WENN EIN ABSCHEULICHER MANN . . .

Wenn ein abscheulicher Mann zum Vater wird,
Und ihm ein Sohn geboren,
Mitten in der Nacht,
So zittert er und zündet eine Lampe an
Und geht, um voller Angst zu schauen
In das Gesicht des Kindes,
Um zu sehen, wem es ähnlich sieht.

DIE FÜNF FEINDE

Aus dem Holz eines hundert Jahre alten Baumes
Werden Opfergefäße gemacht,
Überzogen mit grünen und gelben Motiven.
Das Holz, das übriggeblieben ist,
Liegt ungenutzt im Graben.
Wenn wir die Opfergefäße mit den Hölzern im Graben
Vergleichen,
Finden wir Unterschiede in Ihrem Aussehen:
Die einen sind schöner als die anderen.
Und doch gleichen sie sich hierin: Beide haben sie ihre
Ursprüngliche Natur verloren.
Wenn man also den Räuber mit dem ehrenwerten Bürger
Vergleicht,
Wird man sehen, dass einer ehrenwerter ist als der andere:
Und doch gleichen sie sich hierin: Sie haben beide
Die ursprüngliche Einfachheit der Menschen verloren.

Wie haben sie sie verloren? Hier sind die fünf Wege:
Die Liebe zu den Farben verwirrt das Auge,
Und es sieht nicht mehr richtig.
Die Liebe zu den Harmonien bezirzt das Ohr,
Und es verliert das wahre Hören.
Die Liebe zu den Düften
Erfüllt den Kopf mit Benommenheit.
Die Liebe zu den Aromen
Verdirbt den Geschmack.
Begierden beunruhigen das Herz,
Bis die ursprüngliche Natur Amok läuft.

Diese Fünf sind Feinde des wahren Lebens.
Und doch sind sie es, für welche die „Menschen mit feinem
Gespür" meinen, leben zu müssen.
Sie sind nicht das, wofür ich lebe:

Wenn dies das Leben ist, dann haben die Tauben im Käfig Glückseligkeit gefunden.

TUN UND NICHT-TUN

Das Nicht-Tun des Wissenden ist nicht Untätigkeit.
Es ist nicht durchdacht. Es ist nicht aufgewühlt von Irgendetwas.
Der Weise ist ruhig, denn er ist nicht bewegt,
Nicht weil er ruhig sein *will*.
Stilles Wasser ist wie Glas.
Du kannst hineinschauen und siehst die Bartstoppeln an deinem Kinn.
Es ist eine perfekte Gerade;
Ein Zimmermann könnte es nutzen.
Wenn Wasser so klar ist, so gerade,
Wieviel mehr dann der Geist des Menschen?
Das Herz des weisen Menschen ist friedlich.
Es ist der Spiegel des Himmels und der Erde
Das Glas von allem.
Leerheit, Stille, Gelassenheit, ohne jeden Geschmack,
Schweigen, Nicht-Tun: Dies ist die Gerade von Himmel und Erde.
Dies ist das perfekte Tao. Weise Menschen finden hier
Ihren Ruheort.
Ruhend sind sie leer.

Aus der Leere kommt das Bedingungslose.
Aus diesem das Bedingte, die einzelnen Dinge.
So steigt die Stille auf aus der Leere des Weisen:
Aus der Stille, Tun. Aus dem Tun, Errungenschaft.
Aus ihrer Stille kommt ihr Nicht-Tun,
Welches gleichfalls Tun ist
Und daher ihre Errungenschaft.
Denn Stille ist Freude. Freude ist frei von Sorge,
Fruchtbar viele Jahre.

Freude tut alle Dinge ohne Besorgnis:
Denn Leerheit, Stille, Gelassenheit, ohne jeden Geschmack,
Schweigen und Nicht-Tun
Sind die Wurzel aller Dinge.

FÜRST HWAN UND DER WAGENBAUER

Die Welt schätzt Bücher und denkt, dass darin die Wertschätzung des Tao liegt. Doch Bücher enthalten bloß Worte. Und doch ist da noch etwas anderes, das den Büchern Wert gibt. Nicht bloß die Worte, und auch nicht die Gedanken in den Worten, sondern etwas anderes innerhalb der Gedanken, das sie in eine Richtung schwingen lässt, wozu die Worte selbst nicht in der Lage sind. Doch sind es die Worte, welche die Welt schätzt, wenn sie sie den Büchern zuschreibt: Und obwohl die Welt sie schätzt, sind diese Worte wertlos, solange das, was ihnen Wert gibt, nicht in Ehren gehalten wird.

Das, was der Mensch durch Beobachtung erfasst, ist nur äußere Form und Farbe, Name und Geräusch: Und er denkt, dies wird ihn in den Besitz des Tao bringen. Form und Farbe, Name und Geräusch reichen nicht an die Wirklichkeit heran. Daher gilt: „Derjenige, der weiß, sagt nicht und derjenige, der sagt, weiß nicht.“(11)

Wie also kann die Welt das Tao durch Worte kennen?

Fürst Hwan von Ki,
Der Erste seiner Dynastie,
Saß unter seinem Baldachin
Im Studium der Philosophie;
Und Phien, der Wagenbauer,
War draußen im Hof
Und machte ein Rad.
Phien legte
Hammer und Meißel beiseite,
Kam die Stufen herauf
Und sprach zu Fürst Hwan:
„Darf ich Euch fragen, Herr,
Was lest Ihr da?“

Der Fürst sagte:
„Die Experten. Die Autoritäten."
Und Phien fragte:
„Lebendig oder tot?"
„Lange schon tot."
„Dann", sagte der Wagenbauer,
„Lest Ihr bloß
Den Schmutz, den sie hinterließen."
Da erwiderte der Fürst:
„Was weißt du davon?
Du bist nur ein Wagenbauer.
Besser du gibst mir eine gute Erklärung,
Oder du wirst sterben."
Der Wagenbauer sagte:
„Lassen wir uns die Sache
Von meinem Standpunkt aus betrachten.
Wenn ich Räder mache
Und zu zimperlich bin, fallen sie auseinander,
Bin ich zu grob, dann passen sie nicht.
Bin ich weder zu zimperlich noch zu rabiat,
Dann werden sie genau richtig. Das Werk ist dann so,
Wie ich es haben will.
Man kann es nicht in Worte fassen:
Man muss einfach wissen, wie es geht.
Ich kann nicht einmal meinem eigenen Sohn erklären, wie
Genau es gemacht wird,
Und mein Sohn kann es nicht von mir lernen.
So stehe ich hier also, siebzig Jahre alt,
Und mache noch immer Räder!
Die Männer von einst
Nahmen alles, was sie wirklich wussten,
Mit ins Grab.
Und daher, Herr, ist das, was Ihr dort lest,
Nur der Schmutz, den sie hinterließen."

HERBSTFLUTEN

Die Herbstfluten waren gekommen. Tausende wilder Sturzbäche ergossen sich reißend in den Gelben Fluss. Er stieg an und überflutete seine Bänke bis man beim Hinüberschauen zur anderen Uferseite einen Ochsen nicht mehr von einem Pferd unterscheiden konnte. Da lachte der Flussgott, erfreut bei dem Gedanken, dass all die Schönheit der Welt in seinen Besitz übergegangen war. Also schwang er sich flussabwärts, bis er zum Ozean kam. Dort schaute er hinaus über die Wellen zum leeren Horizont im Osten und sein Gesicht sank dahin. Während er auf den fernen Horizont starrte, kam er zur Besinnung und raunte dem Gott des Ozeans zu: „Nun, das Sprichwort stimmt. Derjenige, der hundert Erkenntnisse hat, denkt, er wisse mehr als jeder andere. Ein solcher bin ich. Doch jetzt sehe, was gemeint ist mit *Weite*!"

Der Gott des Ozeans antwortete:
„Kannst du über das Meer sprechen
Mit einem Frosch in einem Brunnen?
Kannst du über das Eis sprechen
Mit Libellen?
Kannst du über den Lebensweg sprechen
Mit einem Doktor der Philosophie?

„Von allen Wassern der Welt
Ist der Ozean das größte.
Alle Flüsse fließen dorthin
Am Tag und in der Nacht;

Er ist niemals gefüllt.
Er gibt seine Wasser zurück
Am Tag und in der Nacht.

Er ist niemals geleert.

In Trockenzeiten
Sinkt er nicht.
In Flutzeiten
Steigt er nicht.
Größer als alle anderen Wasser!
Es gibt kein Maß, um zu sagen,
Um wie vieles größer!
Doch bin ich stolz darauf?
Was bin ich unter dem Himmel?
Was bin ich ohne Yang und Yin?
Verglichen mit dem Himmel
Bin ich ein kleiner Stein,
Eine niedrige Eiche
Am Berg:
Soll ich so tun,
Als wäre ich etwas Besonderes?"

Von allen Arten, die existieren (und es sind Millionen), ist der Mensch nur eine. Unter den Millionen von Menschen, die auf der Erde leben, sind die zivilisierten Menschen, die von der Landwirtschaft leben, nur eine kleine Gruppe. Kleiner noch ist die Zahl derer, die ein Amt innehaben oder über ein Vermögen verfügen, die mit dem Wagen reisen oder mit einem Boot. Und von diesen, ist ein Mann in seinem Wagen nicht mehr als die Spitze eines Haares auf der Flanke eines Pferdes. Warum also all die Aufregung um großartige Menschen und großartige Ämter? Warum all die Streitgespräche der Gelehrten? Warum all das Gezänk der Politiker?

Es gibt keine festen Grenzen,
Die Zeit steht nicht still.
Nichts hat Bestand,
Nichts ist endgültig.
Du kannst nichts festhalten
Weder am Ende noch am Beginn.
Der Weise sieht nah und fern

Als dasselbe,
Verachtet weder das Kleine,
Noch schätzt er das Große:
Wo sich alle Normen unterscheiden,
Wie könnte er dort vergleichen?
Mit einem Blick
Erfasst er Vergangenheit und Gegenwart,
Ohne Trauer um die Vergangenheit
Und ohne Ungeduld mit der Gegenwart.
Alles ist Bewegung.
Er hat Erfahrung
Mit der Fülle und mit der Leere.
Er erfreut sich nicht am Erfolg
Und klagt nicht über das Scheitern,
Das Spiel ist niemals aus,
Geburt und Tod sind gleich,
Die Begriffe sind nicht endgültig.

GROSS UND KLEIN

Wenn wir auf die Dinge im Licht des Tao schauen,
Ist nichts besser, nichts ist schlechter.
Jedes Ding, gesehen in seinem eigenen Licht,
Hebt sich auf die ihm eigene Weise ab.
Es kann „besser" erscheinen
Als das, was mit ihm verglichen wird
In seinen eigenen Begriffen.
Doch unter dem Begriff des Ganzen gesehen,
Hebt sich nicht ein Ding als „besser" hervor.
Wenn man Unterschiede misst,
Dann ist das, was größer ist als etwas anderes, „groß",
Daher gibt es nichts, was nicht „groß" ist;
Das, was kleiner ist als etwas anderes, ist „klein",
Daher gibt es nichts, was nicht „klein" ist.
Und so ist der gesamte Kosmos ein Reiskorn,
Und die Spitze eines Haares
Ist so groß wie ein Berg –
Dies ist die relative Sichtweise.

Du kannst Mauern mit Rammböcken niederreißen,
Aber du kannst keine Löcher stopfen damit.
Alle Dinge haben ihre eigenen Zwecke.
Gute Pferde können hundert Meilen am Tag laufen,
Doch sie können keine Mäuse fangen
Wie die Terrier oder die Wiesel:
Alle Lebewesen haben ihre eigenen Gaben.
Der große Uhu kann Mücken um Mitternacht fangen
Und die Spitze eines Haares erkennen,
Doch am hellichten Tag erstarrt er, hilflos,
Und kann nicht einmal einen Berg sehen.
Alles hat verschiedene Fähigkeiten.

Daher gilt: Derjenige, der Richtig ohne Falsch haben möchte,
Ordnung ohne Unordnung,
Versteht nicht die Grundsätze
Von Himmel und Erde.
Er weiß nicht, wie
Die Dinge zusammenhängen.
Kann ein Mensch sich nur an den Himmel halten
Und nichts über die Erde wissen?
Sie hängen zusammen: das eine zu kennen
Heißt, das andere zu kennen.
Das eine abzulehnen
Heißt, beide abzulehnen.
Kann ein Mensch sich an das Gute halten
Ohne Schlechtes,
Mit welchem verglichen es erst als
Gutes angesehen wird?
Wer dies behauptet,
Ist entweder ein Schurke oder ein Irrer.

Throne werden übergeben
Von Dynastie zu Dynastie,
Mal auf diese Weise, mal auf jene.
Derjenige, der seinen Weg zur Macht erzwingt,
Gegen den Strich,
Wird Tyrann genannt oder Usurpator.
Derjenige, der mit dem Fluss der Dinge geht,
Wird ein weiser Politiker genannt.
Kui, der einbeinige Drache,
Ist neidisch auf den Tausendfüßler.
Der Tausendfüßler ist neidisch auf die Schlange.
Die Schlange ist neidisch auf den Wind.
Der Wind ist neidisch auf das Auge.
Das Auge ist neidisch auf den Geist.
Kui sagte zum Tausendfüßler:
„Ich habe schon Schwierigkeiten,
Mein eines Bein zu kontrollieren;

Wie kannst du so viele steuern?"
Der Tausendfüßler antwortete:
„Ich steuere sie nicht.
Sie landen einfach auf dem Boden
Wie Spucketropfen".
Der Tausendfüßler sagte zur Schlange:
„Mit all meinen Füßen kann ich mich nicht so schnell bewegen,
Wie du ganz ohne Füße.
Wie kann dies sein?"
Die Schlange antwortete:
„Es ist ein natürliches Gleiten,
Das nicht verändert werden kann. Was soll ich
Mit Füßen?"
Die Schlange sprach zum Wind:
„Ich krümme mir den Rücken und bewege mich
Mit meinem Körper fort. Du, ohne Knochen,
Ohne Muskeln, ohne Mittel,
Wehst von der nördlichen See zum südlichen Ozean.
Wie kommst du dorthin
Mit nichts?"
Der Wind antwortete:
„Es ist wahr. Ich erhebe mich über der nördlichen See
Und bewege mich ohne Hindernis zum südlichen Ozean.
Doch jedes Auge, das mich bemerkt,
Jeder Flügel, der sich meiner bedient,
Ist mir überlegen, obwohl
Ich die größten Bäume entwurzeln und hohe Häuser
Einstürzen lassen kann.
Der wahre Bezwinger ist der,
Der nicht von der Vielzahl des Kleinen
Bezwungen werden kann.
Der Geist ist dieser Bezwinger –
Doch nur der Geist
Des weisen Menschen.

DER MENSCH DES TAO

Der Mensch, durch den das Tao
Ungehindert wirkt,
Fügt keinem Lebewesen Schaden zu
In seinem Wirken,
Und doch bezeichnet er sich nicht als
Gütig oder sanft.

Der Mensch, durch den das Tao
Ungehindert wirkt,
Kümmert sich nicht um seine eigenen Interessen,
Doch verachtet er auch nicht
Diejenigen, die es tun.
Er strengt sich weder an, Geld zu verdienen,
Noch macht er aus der Armut eine Tugend.
Er geht seinen Weg,
Ohne sich auf andere zu verlassen
Und ist doch nicht stolz darauf,
Alleine zu gehen.
Während er nicht mit der Masse geht,
Wird er sich nicht über die beklagen, die es tun.
Stand und Lohn
Sprechen ihn nicht an;
Schimpf und Schande
Schrecken ihn nicht ab.
Er schaut nicht immerzu
Nach dem Richtigen und dem Falschen,
Unterscheidet nicht stets nach „Ja“ und „Nein“.
Daher sagten die Alten:

„Der Mensch des Tao
Bleibt unerkannt,
Vollkommene Tugend
Bringt nichts hervor.
‚Kein-Selbst'
Ist ‚Wahres-Selbst'.
Und der großartigste Mensch
Ist Niemand."

DIE SCHILDKRÖTE

Chuang Tse fischte mit seinem Bambusstab
Im Fluss Pu.

Der Prinz von Chu
Entsandte zwei Vizekanzler
Mit einem offiziellen Schreiben:
„Hiermit ernennen wir Euch
Zum Ersten Minister."

Chuang Tse hielt seinen Bambusstab
Und schaute noch immer auf den Fluss Pu,
Er sagte:
„Mir wurde berichtet, es gäbe eine heilige Schildkröte,
Die vor dreitausend Jahren
Angebetet und heiliggesprochen wurde,
Verehrt vom Prinzen,
Gehüllt in Seide,
In einem prächtigen Schrein
Auf einem Altar
Im Tempel.

Was denkt ihr:
Ist es besser, das eigene Leben aufzugeben
Und eine heilige Schale
Als Gegenstand der Verehrung zu hinterlassen
In einer Wolke von Weihrauch
Dreitausend Jahre lang,
Oder als
Einfache Schildkröte zu leben
Und den eigenen Schweif durch den Schlamm zu ziehen?"

„Für die Schildkröte", sagte der Vizekanzler,
„Ist es besser zu leben

Und den eigenen Schweif durch den Schlamm zu ziehen!“

„Geht nach Hause!“ sagte Chuang Tse.
„Lasst mich hier
Meinen Schweif durch den Schlamm ziehen.“

DIE EULE UND DER PHOENIX

Hui Tse war der Erste Minister von Liang. Er verfügte, so dachte er, über geheime Informationen darüber, dass Chuang Tse sein Amt begehrte und darauf aus war, ihn zu verdrängen. Also schickte der Minister Polizisten, um Chuang Tse festzunehmen, als dieser nach Liang reiste. Die Polizisten suchten drei Tage und drei Nächte lang nach ihm, doch unterdessen kam Chuang Tse aus freien Stücken zu Hui Tse und sprach:

„Habt ihr von dem Vogel gehört,
Der im Süden lebt,
Dem Phönix, der nicht altert?

Dieser unsterbliche Phönix
Steigt auf aus dem Meer des Südens
Und fliegt zum Meer des Nordens,
Ohne zu landen,
Außer auf einigen ausgewählten heiligen Bäumen.
Er rührt keine Nahrung an,
Außer der erlesensten und
Seltensten Frucht,
Trinkt nur
Aus den klarsten Quellen.

Einmal sah eine Eule,
Während sie auf einer toten Ratte kaute,
Die schon halb verwest war,
Den Phönix vorbeifliegen,
Blickte auf,
Krächzte vor Schreck
Und presste die Ratte an sich
Voller Angst und Entsetzen.

Warum klammerst du dich so verzweifelt
An dein Amt
Und krächzt mich an
Voller Entsetzen?“

DIE FREUDE DER FISCHE

Chuang Tse und Hui Tse
Überquerten den Fluss Hao
In der Nähe des Damms.

Chuang sagte:
„Sieh, wie frei
Die Fische hüpfen und springen:
Das ist ihre Freude."

Hui antwortete:
„Da du kein Fisch bist,
Woher weißt du,
Was einen Fisch glücklich macht?"

Chuang sagte:
„Da du nicht ich bist,
Wie kannst du wissen,
Dass ich nicht weiß,
Was Fische glücklich macht?"

Hui entgegnete:
„Wenn ich, der nicht du bist,
Nicht wissen kann, was du weißt,
Dann folgt daraus, dass du,
Der du kein Fisch bist,
Nicht wissen kannst, was sie wissen."

Chuang sagte:
„Warte!
Lass uns zurückgehen
Zur ursprünglichen Frage.
Sie lautete

Woher weißt du,
Was einen Fisch glücklich macht?
Aus dem Wortlaut deiner Frage
Geht hervor, dass du weißt, dass ich weiß,
Was Fische glücklich macht.

Ich kenne die Freude der Fische
Im Fluss
Da ich meine eigene Freude kenne, während ich hier gehe
Entlang desselben Flusses."

VOLLKOMMENE FREUDE

Kann man auf der Erde die vollkommene Freude finden, oder gibt es so etwas nicht? Gibt es einen Weg, das Leben ganz und gar lebenswert zu machen, oder ist dies unmöglich? Wenn es einen Weg gibt, wie kann man ihn finden? Was sollte man versuchen zu tun? Was sollte man versuchen zu vermeiden? Was sollte das Ziel sein, auf das die Tätigkeit hinausläuft? Was sollte man akzeptieren? Was sollte man nicht akzeptieren? Was sollte man lieben? Was sollte man verachten?

Was die Welt schätzt, ist Geld, Ansehen, ein langes Leben, Errungenschaften. Was sie als Glück betrachtet, ist Gesundheit und körperliche Annehmlichkeiten, gutes Essen, feine Kleidung, schöne Dinge zum Anschauen, angenehme Musik zum Hören.

Was sie verdammt, ist Mangel an Geld, einen niedrigen gesellschaftlichen Status, einen Ruf als Nichtsnutz und einen frühen Tod.

Was sie als Unglück betrachtet, sind körperliche Beschwerden und Mühen, die Abwesenheit von gutem Essen, keine gute Kleidung tragen zu können, das Auge nicht unterhalten oder erfreuen- und keine angenehme Musik hören zu können. Wenn Menschen feststellen, dass ihnen diese Dinge entzogen sind, dann geraten sie in Panik und verzweifeln. Sie sind derart besorgt um ihr Leben, dass ihre Furcht das Leben unerträglich macht, selbst dann, wenn sie die Dinge haben, von denen sie denken, dass sie sie brauchen. Ihre ganze Sorge um ihr Vergnügen macht sie unglücklich.

Die Reichen machen sich das Leben unerträglich schwer, indem sie sich dazu antreiben, mehr und mehr Geld anzusammeln, das sie nicht wirklich verwenden können. Indem sie das tun, entfremden sie sich von sich selbst und verbrauchen im Dienst ihrer Habgier all ihre Kräfte, als wären sie die Sklaven anderer.

Die Ehrgeizigen rennen Tag und Nacht umher auf der Jagd nach Ruhm und sind in ständiger Sorge um die Erfüllung ihrer Pläne und in Furcht vor Fehleinschätzungen, die alles zunichtemachen könnten. So sind sie sich selbst entfremdet und vergessen ihr wirkliches Leben zugunsten eines Schattens, geschaffen von ihrem unstillbaren Streben.

Die Geburt des Menschen ist die Geburt seiner Sorgen. Je länger er lebt, desto törichter wird er, denn seine Sorge darum, den unvermeidlichen Tod zu vermeiden, wird größer und größer. Welch eine Bitterkeit! Er lebt für das, was doch für immer außer Reichweite bleibt. Sein Verlangen nach einem Überleben in der Zukunft macht es ihm unmöglich, in der Gegenwart zu leben.

Was ist mit den Beamten, die sich aufopfern und den Gelehrten? Sie werden von der Welt geehrt, denn sie sind gute, aufrechte, opferbereite Menschen.

Und doch bewahrt ihr guter Charakter sie weder vor Traurigkeit noch vor dem Ruin noch vor Schande oder Tod. Ich frage mich daher, ob ihr „Gutsein" am Ende wirklich so gut ist? Ist es vielleicht eine Quelle der Traurigkeit? Nehmen wir einmal an, sie seien glücklich. Ist es ein Glück, einen Charakter zu haben und eine Karriere zu verfolgen, die letztlich zum eigenen Untergang führen? Kann man sie andererseits „unglücklich" nennen, wenn sie, indem sie sich selbst aufopfern, das Leben und den Reichtum anderer retten? Nehmen wir den Fall des Ministers, der sich gewissenhaft und aufrichtig gegen eine ungerechte Entscheidung des Königs auflehnt! Manche sagen: „Sprich die Wahrheit, und wenn der König sie nicht hören will, lass ihn tun, was er zu tun gedenkt. Du hast keine weiteren Verpflichtungen." Andererseits hörte Tse Shu nicht damit auf, sich der ungerechten Politik seines Herrschers zu widersetzen. Er wurde folglich vernichtet. Doch wenn er nicht aufgestanden wäre für das, was er für richtig hielt, würde sein Name nicht in Ehren gehalten werden.

Die Frage ist also, ob der Kurs, den er eingeschlagen hatte, „gut" genannt werden sollte, wenn er doch zur selben Zeit verhängnisvoll für ihn war? Ich kann nicht sagen, ob das, was die Welt für „Glück" hält, wirklich Glück ist oder nicht. Alles, was ich weiß, ist, dass ich, wenn ich die Art und Weise betrachte, wie sie dorthin gelangen, sehe, wie sie kopfüber, verbissen und besessen vom allgemeinen Anstürmen der menschlichen Herde mitgerissen werden – dabei unfähig, sich selbst aufzuhalten oder die Richtung zu ändern. Und währenddessen behaupten sie stets, das Glück schon fast erlangt zu haben.

Was mich betrifft, kann ich ihre Maßstäbe nicht akzeptieren, weder was das Glück noch was das Unglück betrifft. Ich frage mich, ob ihre Vorstellung von Glück überhaupt irgendeine Bedeutung hat. Meiner Meinung nach findet man das Glück niemals, wenn man nicht aufhört, es zu suchen. Mein größtes Glück besteht genau darin, nichts zu unternehmen, was darauf abzielt, um Glück zu erlangen: Und doch ist dies nach Meinung der meisten Menschen der denkbar schlechteste Weg. Ich bleibe bei dem Sprichwort: „Die vollkommene Freude ist es, ohne Freude zu sein. Das vollkommene Lob ist es, ohne Lob zu sein." Wenn man fragt „was sollte getan werden" und „was sollte nicht getan werden" auf der Welt, um Glück zu erlangen, dann antworte ich, dass es auf diese Fragen keine Antworten gibt. Es gibt keinen Weg, diese Dinge vorherzubestimmen. Und gleichzeitig, wenn ich damit aufhöre, nach dem Glück zu streben, werden „Richtig" und „Falsch" mit einem Mal und ganz von selbst erkennbar. Zufriedenheit und Wohlergehen werden plötzlich möglich in dem Moment, in dem man damit aufhört, mit dem Blick darauf zu handeln und wenn man sich im Nicht-tun (*wu wei*) übt – dann wird man beides finden, Glück und Wohlergehen.

Und so fasse ich es zusammen:
Der Himmel tut nichts: Sein Nicht-Tun ist seine Heiterkeit.
Die Erde tut nichts: Ihr Nicht-Tun ist ihre Ruhe.

Aus der Einheit dieser beiden Nicht-Handlungen
Geht jede Handlung hervor,
Alle Dinge werden gemacht.
Wie weit, wie unsichtbar –
Dieses Werden!
Alle Dinge kommen von nirgendwo!
Wie weit, wie unsichtbar –
Kein Weg, es zu erklären!
Alle Wesen in ihrer Vollkommenheit
Sind geboren aus dem Nicht-Tun.
Daher wird gesagt:
„Himmel und Erde tun nichts,
Und doch gibt es nichts, was sie nicht tun.“

Wo ist der Mensch, der es erreichen kann –
Dieses Nicht-Tun?

SINFONIE FÜR EINEN SEEVOGEL

Weder kann man eine große Ladung
In eine kleine Tasche füllen,
Noch kann man mit einem kurzen Seil
Wasser aus einem tiefen Brunnen schöpfen.
Man kann mit einem machtgierigen Politiker nicht sprechen
Als wäre er ein weiser Mensch.
Wenn er versucht, einen zu verstehen,
Wenn er in sich hineinschaut,
Um die Wahrheit zu finden, von der man gesprochen hat,
Wird er sie dort nicht finden.
Da er sie nicht findet, wird er zweifeln.
Wenn ein Mensch zweifelt,
Wird er töten.

Hast du nicht davon gehört, wie ein Seevogel
Landeinwärts getragen wurde und in der Nähe
Der Hauptstadt von Lu gelandet war?

Der Prinz ordnete einen feierlichen Empfang an,
Bot dem Vogel Wein an im heiligen Bezirk,
Rief Musiker herbei,
Welche die Kompositionen von Shun spielten,
Ließ ein Rind schlachten zum Mahl:
Betäubt von den Sinfonien starb der unglückliche Seevogel
Aus lauter Verzweiflung.

Wie sollte man einen Vogel behandeln?
Wie sich selbst
Oder wie einen Vogel?

Sollte ein Vogel nicht in tiefen Wäldern niesten
Oder über Wiesen und Sümpfe fliegen?
Sollte er nicht auf Flüssen und Weihern schwimmen,

Sich von Aalen und anderen Fischen ernähren,
In Formationen mit anderen Wasservögeln fliegen
Und im Schilf ruhen?

Schlimm genug für einen Seevogel,
Von Menschen umgeben zu sein
Und erschrocken von ihren Stimmen!
Aber das war nicht alles!
Sie töteten ihn mit Musik!

Man spiele alle Sinfonien, die man möchte,
Im Marschland von Thung-Tin.
Die Vögel werden fortfliegen
In alle Richtungen;
Die Tiere werden flüchten;
Die Fische werden zum Grund tauchen,
Doch die Menschen
Werden sich versammeln, um zu lauschen.

Wasser ist für die Fische
Und die Luft für die Menschen.
Naturen unterscheiden sich und mit ihnen die Bedürfnisse.

Daher maßen die Weisen der alten Zeit
Nicht alles
Mit einem Maß.

GANZHEIT

Wie geht der wahre Mensch des Tao
Ungehindert durch Mauern,
Wie steht er im Feuer, ohne zu verbrennen?

Nicht durch List
Oder Wagemut:
Nicht, weil er gelernt hat,
Sondern weil er verlernt hat.

Alles, was begrenzt ist durch Form, Erscheinung, Klang, Farbe
Wird *Objekt* genannt.
Unter all diesen ist nur der Mensch
Mehr als ein Objekt.
Obwohl er, wie die Objekte, Form und Erscheinung besitzt,
Ist er doch nicht begrenzt auf die Form. Er ist mehr.
Er kann zur Formlosigkeit gelangen.

Wenn er jenseits von Form und Erscheinung ist,
Jenseits von „diesem" und „jenem",
Wo ist dann der Vergleich
Mit einem anderen Objekt?
Wo ist der Konflikt?
Was kann ihm im Wege stehen?

Er wird an seinem ewigen Platz ruhen,
Welcher Kein-Platz ist.
Er wird verborgen sein
In seinem eigenen unergründlichen Geheimnis.
Seine Natur sinkt hinab zu ihren Wurzeln
In das Eine.
Seine Lebendigkeit, seine Kraft
Verbergen sich im geheimen Tao.

Wenn er ganz eins ist,
So ist kein Riss in ihm,
Durch den ein Keil dringen könnte.
So wie ein Betrunkener, der
Aus einem Wagen fällt,
Lädiert ist, aber nicht zerstört.
Seine Knochen sind wie die Knochen aller Menschen,
Doch er fällt auf andere Weise.
Sein Geist ist ganz. Er ist sich nicht bewusst,
Dass er in einen Wagen einsteigt
Oder aus einem heraus fällt.

Leben und Tod bedeuten ihm nichts.
Er kennt keine Furcht, er begegnet Hindernissen
Gedankenlos, sorglos,
Nimmt sie hin, ohne zu merken, dass es sie gibt.

Wenn soviel Sicherheit im Wein liegt,
Wieviel mehr liegt dann im Tao.
Der Weise ist verborgen im Tao.
Nichts reicht an ihn heran.

DER DRANG ZU GEWINNEN

Wenn ein Bogenschütze auf nichts zielt,
Verfügt er über sein ganzes Können.
Wenn er auf eine Messingschnalle zielt,
Ist er bereits unruhig.
Schießt er um einen Goldpreis,
Wird er blind
Oder sieht zwei Ziele –
Ist außer sich!

Sein Können hat sich nicht verändert. Doch der Preis
Entzweit ihn. Er macht sich Sorgen.
Er denkt mehr ans Gewinnen
Als ans Schießen –
Und der Drang zu gewinnen,
Beraubt ihn der Kraft.

DAS OPFERSCHWEIN

Der große Wahrsager, der das Schwein geopfert hatte und Zeichen darin las, kam bekleidet mit seiner langen dunklen Robe in den Schweinestall und sprach zu den anderen Schweinen: „Hier ist mein Rat an euch. Beklagt euch nicht darüber, dass ihr sterben müsst. Bitte, spart euch eure Einwände. Ihr müsst wissen, dass ich euch für die nächsten drei Monate mit erlesenem Getreide füttern werde. Ich selbst muss für zehn Tage strikte Disziplin halten und für drei fasten. Dann werde ich Grasmatten auslegen und eure Schinken und Schultern auf fein geschnitzten Tellern anbieten. Was wollt ihr mehr?"

Dann überlegte er und betrachtete die Angelegenheit aus Sicht der Schweine: „Andererseits, vermute ich, würdet ihr wahrscheinlich lieber mit herkömmlichen Futter gefüttert und in eurem Stall in Ruhe gelassen werden."

Als er aber die Sache wieder von seinem Standpunkt aus betrachtete, sagte er: „Nein, es gibt ganz sicher eine edlere Art von Dasein! In Ehren zu leben, die beste Behandlung zu erfahren, in einer Kutsche mit feinen Kleidern zu fahren, auch wenn man jeden Augenblick in Ungnade fallen und hingerichtet werden kann, dies ist das edle, wenn auch ungewisse Schicksal, das ich für mich gewählt habe."

Er entschied sich also gegen den Standpunkt der Schweine und für seinen eigenen, und zwar sowohl was ihn selbst als auch was die Schweine betraf. Welch ein Glück für diese Schweine, deren Existenz auf diese Weise von einem geadelt wurde, der zugleich Beamter und geistliche Autorität war.

DER KÄMPFENDE HAHN

Chi Hsing Tse richtete Kampfhähne ab
Für König Hsuan.
Er bildete einen guten Vogel aus.
Der König fragte immer wieder, ob der Vogel
Bereit für den Kampf sei.
„Noch nicht“, sagte der Ausbilder.
„Er ist voller Feuer.
Er will den Kampf
Mit jedem anderen Vogel aufnehmen. Er ist stolz und sich
Seiner eigenen Stärke gewahr.“
Nach zehn Tagen sagte er wieder:
„Noch nicht. Er lodert auf,
Wenn er einen anderen Vogel krähen hört.“
Nach weiteren zehn Tagen:
„Noch nicht. Er bekommt noch immer
Diesen wütenden Blick
Und sträubt seine Federn.“
Und nach weiteren zehn Tagen
Sagte er: „Jetzt ist er beinahe so weit.
Wenn ein anderer Vogel kräht, flackern
Seine Augen noch nicht einmal mehr.
Er steht da, unbewegt
Wie ein Hahn aus Holz.
Er ist ein reifer Kämpfer.
Andere Vögel
Werden nur einen Blick auf ihn werfen
Und rennen.“

DER HOLZSCHNITZER

Khing, der Meister-Schnitzer, fertigte einen Glockenständer
Aus prächtigem Holz. Als dieser fertig war
Staunten alle, die ihn sahen. Sie sagten, es müsse
Die Arbeit von übernatürlichen Wesen sein.
Der Prinz von Lu sprach zu dem Meister-Schnitzer:
„Was ist dein Geheimnis?"

Khing antwortete: „Ich bin nur ein Handwerker:
Ich habe kein Geheimnis. Es gibt nur das:
Als ich damit begann, über die Arbeit nachzudenken, die Ihr
Mir aufgetragen hattet,
Bewahrte ich meinen Geist, verschwendete ihn nicht
An Belanglosigkeiten, um die es nicht ging.
Ich fastete, um
Mein Herz in Ruhe zu versetzen.
Nach drei Tagen des Fastens,
Hatte ich Gewinn und Erfolg vergessen.
Nach fünf Tagen
Hatte ich Lob und Tadel vergessen.
Nach sieben Tagen
Hatte ich meinen Körper vergessen
Und all seine Glieder.

Da waren alle Gedanken an Eure Hoheit
Und an den Hof verschwunden.
Alles, was mich von der Arbeit ablenken konnte,
Hatte sich in Luft aufgelöst.
Ich war gesammelt in dem einen Gedanken
An den Glockenständer.

Dann ging ich in den Wald,
Um die Bäume in ihrer Natur zu sehen.
Als der richtige Baum vor meinen Augen stand,

Erschien auch der Glockenständer darin, deutlich und über
Jeden Zweifel erhaben.
Alles, was ich tun musste, war, Hand anzulegen
Und zu beginnen.

Wenn ich nicht diesen bestimmten Baum gefunden hätte,
Dann gäbe es
Keinen Glockenständer.

Was ist geschehen?
Meine gesammelten Gedanken
Begegneten der verborgenen Möglichkeit im Holz;
Aus dieser lebendigen Begegnung entstand die Arbeit,
Welche Ihr den Geistern zuschreibt."

WENN DER SCHUH PASST

Ch'ui der Zeichner
Konnte frei Hand vollkommenere Kreise malen
Als mit einem Zirkel.

Seine Finger brachten
Spontan Formen aus dem Nichts hervor. Sein Geist
War währenddessen frei und ohne sich darum zu kümmern,
Was er tat.

Keine Anstrengung war nötig,
Sein Geist war ganz und gar einfach
Und kannte kein Hindernis.

Wenn also der Schuh passt,
Ist der Fuß vergessen,
Wenn der Gürtel passt,
Ist der Bauch vergessen,
Ist das Herz recht,
Sind „Für" und „Wider" vergessen.

Kein Antrieb, kein Druck,
Kein Bedürfnis, keine Anziehung:
Dann sind deine Angelegenheiten
Unter Kontrolle.
Dann bist du ein freier Mensch.

Leicht ist richtig. Beginne richtig
Und es fällt dir leicht.
Fahre leicht fort und du bist richtig.
Der richtige Wege, um leicht zu werden,
Ist, den richtigen Weg zu vergessen
Und zu vergessen, dass das Vorankommen leicht ist.

DAS LEERE BOOT

Wer die Menschen beherrscht, lebt in Verwirrung;
Wer von Menschen beherrscht wird, lebt in Sorge.
Yao wünschte sich daher,
Weder andere zu beeinträchtigen
Noch von ihnen beeinträchtigt zu werden.
Der Weg aus der Verwirrung
Und aus der Sorge,
Liegt im Leben mit dem Tao,
Im Land der großen Leere.

Wenn jemand einen Fluss überquert
Und ein leeres Boot mit dem eigenen kollidiert,
So wird er, selbst wenn er schlecht gelaunt ist,
Nicht allzu böse werden.
Doch wenn er jemanden in dem Boot sitzen sieht,
Dann wird er ihn anschreien, dass er besser steuern soll.
Wenn sein Schreien nicht gehört wird, so wird er
Abermals schreien,
Und dann noch einmal und wird dann zu fluchen beginnen.
Und all das, weil da jemand im Boot sitzt.
Wäre das Boot jedoch leer,
So würde er nicht schreien und nicht böse werden.

Wenn man sein eigenes Boot leer machen kann,
Während man den Fluss der Welt überquert,
Dann wird sich einem niemand entgegenstellen,
Niemand wird einem schaden wollen.

Der gerade Baum ist der erste, der gefällt wird,
Die Quelle reinen Wassers ist die erste, die austrocknet.
Wenn man seine Weisheit mehren will
Und die Unwissenden beschämen,
Den Charakter bilden

Und die anderen in den Schatten stellen,
Dann wird ein Licht um einen herum erstrahlen,
Als hätte man die Sonne und den Mond verschluckt:
Man wird kein Unglück vermeiden.

Ein Weiser sagte:
„Wer zufrieden mit sich selbst ist,
Hat ein wertloses Werk vollbracht.
Errungenschaft ist der Beginn des Scheiterns.
Ruhm ist der Beginn der Schande."

Wer kann sich von Errungenschaften befreien
Und vom Ruhm, wer kann hinabsteigen und verloren sein
Inmitten der Massen von Menschen?
Er wird wie das Tao fließen, ungesehen,
Er wird vorgehen wie das Leben selbst,
Ohne Namen und ohne Zuhause.
Er ist einfach, ohne Auszeichnung.
Allem Anschein nach ist er ein Narr.
Seine Schritte hinterlassen keine Spuren. Er hat keine Macht.
Er erringt nichts, genießt kein Ansehen.
Da er niemanden richtet,
Richtet ihn niemand.
So ist der vollkommene Mensch:
Sein Boot ist leer.

DIE FLUCHT DES LIN HUI

Lin Hui aus Kia ergriff die Flucht,
Verfolgt von Feinden,
Warf er die kostbare Jade weg,
Zeichen seines Standes
Und nahm sein kleines Kind auf den Rücken.
Warum nahm er das Kind
Und ließ von der Jade,
Welche ein kleines Vermögen wert war,
Wohingegen das Kind, sollte es verkauft werden,
Ihm nur eine klägliche Summe einbrächte?

Lin Hui sagte:
„Meine Bande zum Jade-Zeichen
Und zu meinem Amt
Waren Bande der Selbstsecht.
Meine Bande zu dem Kind
Waren Bande des Tao.

Wo Selbstsucht die Bande knüpft,
Ist die Freundschaft aufgelöst,
Sobald Unheil droht.
Wo das Tao die Bande knüpft,
Wird die Freundschaft vollkommen
Durch das Unheil.

Die Freundschaft weiser Menschen
Ist ohne Geschmack wie Wasser.
Die Freundschaft von Narren
Ist süß wie Wein.
Doch das Fehlen des Geschmacks bei den Weisen
Bringt wahre Liebe hervor.
Und der Geschmack der Gesellschaft von Narren
Bringt nur Hass.

ALS DAS WISSEN NACH NORDEN GING

Das *Wissen* wanderte nordwärts,
Um das Tao zu suchen, über die dunkle See
Und zum unsichtbaren Berg.
Dort, auf dem Berg, traf es
Nicht-Tun, den Sprachlosen.

Es fragte:
„Bitte sagt mir, Herr,
Mit welchem System
Und welcher Meditationsweise
Kann ich das Tao begreifen?
Durch welchen Verzicht
Oder welche einsame Abgeschiedenheit
Kann ich im Tao ruhen?
Wo muss ich beginnen,
Welche Straße muss ich nehmen
Um das Tao zu erreichen?“

Dies waren seine drei Fragen.
Nicht-Tun, der Sprachlose,
Antwortete nicht.
Damit nicht genug
Wusste er nicht einmal,
Wie er antworten sollte!

Das Wissen wandte sich südwärts
Zum glänzenden Meer
Und bestieg den leuchtenden Berg,
Genannt *Ende des Zweifels*.

Dort traf es auf
Höre-auf-den Impuls, den beseelten Propheten
Und stellte dieselben Fragen.

„Ah“ rief der Beseelte,
„Ich kenne die Antworten und ich werde sie dir offenbaren!“
Doch gerade, als er sie mitteilen wollte
Vergaß er alles, was er wusste.
Das Wissen erhielt keine Antwort.

Also ging das *Wissen* schließlich
Zum Palast des König Ti
Und stellte Ti seine Fragen.
Ti antwortete:
„Das Nicht-Denken zu üben
Und dem Nicht-Weg der Meditation zu folgen,
Sind die ersten Schritte zum Verständnis des Tao.
Nirgendwo zu verweilen
Und im Nichts zu ruhen,
Sind die ersten Schritte zum Ruhen im Tao.
Nirgendwo zu beginnen
Und keine Straße zu nehmen,
Sind die ersten Schritte zum Erreichen des Tao.“

Das *Wissen* antwortete: „Du weißt dies
Und jetzt weiß ich es. Doch die anderen beiden
Wussten es nicht.
Was hat es damit auf sich?
Wer lag richtig?

Ti antwortete:
„Nur *Nicht-Tun*, der Sprachlose,
Lag absolut richtig. Er wusste nicht.
Höre-auf-den Impuls, der beseelte Prophet,
Lag bloß scheinbar richtig,
Weil er vergessen hatte.
Was uns betrifft,
Wir kommen nicht einmal in die Nähe, richtig zu liegen,
Da wir Antworten haben.

Denn der, der weiß, spricht nicht,
Der, der spricht, weiß nicht.“[12]
Und „der Weise gibt Rat,
Ohne die Sprache zu gebrauchen.“[13]

Die Geschichte kam
Höre-auf-den-Impuls zu Ohren,
Und er pflichtete Tis
Worten bei.

Es wird nicht berichtet,
Ob *Nicht-Tun* jemals von der Sache hörte
Oder einen Kommentar abgab.

VON DER BEDEUTUNG, ZAHNLOS ZU SEIN

Nieh Ch'ueh, der keine Zähne hatte,
Kam zu P'i und bat um eine Lektion zum Tao.
(Vielleicht würde er *darauf* anbeißen!)

> Also begann P'i:
> „Zuallererst, erlange Kontrolle über den Körper
> Und all seine Organe. Dann
> Kontrolliere den Geist. Bis Du auf
> Einem Punkt gesammelt bist. Dann
> Wird die Harmonie des Himmels
> Herabkommen und in dir wohnen.
> Du wirst voller Leben erstrahlen.
> Du wirst im Tao ruhen.
> Du wirst den einfachen Ausdruck
> Eines neugeborenen Kalbes haben,
> O, Du Glücklicher,
> Du wirst nicht einmal die Ursache
> Für Deinen Zustand kennen . . ."

Doch lange bevor P'i an diese Stelle seiner Rede kam, war der Zahnlose eingeschlafen. Sein Geist konnte das Fleisch dieser Doktrin nicht kauen. Doch P'i war zufrieden. Er ging weiter und rief:

> „Sein Körper ist trocken
> Wie ein alter Schenkelknochen,
> Sein Geist ist tot
> Wie tote Asche:
> Sein Wissen ist fest,
> Seine Weisheit wahr!
> In tiefer dunkler Nacht
> Wandert er frei,
> Ohne Ziel

Und ohne Plan:
Wer kann sich vergleichen
Mit diesem zahnlosen Mann?“

WO IST DAS TAO?

Meister Tung Kwo bat Chuang :
„Zeig mir, wo ich das Tao finden kann."
Chuang Tse antwortete:
„Es gibt's nichts, wo es nicht zu finden wäre."
Doch Tung Kwo bestand darauf:
„Dann zeig mir zumindest einen bestimmten Ort,
An dem das Tao zu finden ist."
„Es ist in der Ameise", sagte Chuang .
„Ist es auch in einem niedrigeren Wesen?"
„Es ist im Gras."
„Kannst du noch weiter hinunter gehen auf der Skala der Dinge?"
„Es ist in dieser Kachel."
„Weiter?"
„Es ist in diesem Misthaufen."
Darauf konnte Tung Kwo nichts mehr sagen.
Doch Chuang fuhr fort: „Keine deiner Fragen
Zielt auf den Punkt. Sie sind wie die Fragen
Der Inspekteure auf dem Markt,
Welche das Gewicht der Schweine prüfen,
Indem sie ihnen in die dünnsten Stellen stechen.
Warum nach dem Tao suchen und dabei ‚die Skala der Wesen
Hinuntergehen', ganz so als ob das, was wir ‚gering' nennen,
Weniger Tao hätte?
Das Tao ist groß in allen Dingen,
Abgeschlossen in allem, umfassend in allem,
Ganz in allem. Diese drei Aspekte
Sind verschieden, doch die Wirklichkeit ist eine.

Darum komm mit mir
Zum Palast des Nirgendwo,
Wo die vielen Dinge eins sind:
Dort können wir endlich sprechen,

Über das, was keine Begrenzung und kein Ende hat.
Komm mit mir in das Land des Nicht-Tuns:
Was sollen wir dort sagen – dass das Tao
Einfachheit ist, Stille,
Indifferenz, Reinheit,
Harmonie und Leichtigkeit? All diese Bezeichnungen
interessieren mich nicht,
Denn ihre Unterschiede sind verschwunden.
Mein Wille ist ziellos dort.
Wenn es nirgendwo ist, wie sollte ich mir dessen bewusst sein?
Wenn es geht und zurückkehrt, so weiß ich nicht,
Wo es ruhte. Wenn es wandert,
Hier und dort, so weiß ich nicht, wo es enden wird.
Der Geist bleibt unbestimmt in der großen Leere.
Hier ist die höchste Weisheit
Unbegrenzt. Das, was den Dingen
Ihr So-Sein gibt, kann nicht von den Dingen begrenzt werden.
Wenn wir also von ‚Grenzen' sprechen, so bleiben wir
Auf begrenzte Dinge beschränkt.
Die Grenze des Unbegrenzten wird *Fülle* genannt.
Die Grenzenlosigkeit des Begrenzten wird *Leerheit* genannt.
Das Tao ist die Quelle von beidem. Doch ist es selbst
Weder Fülle noch Leerheit.
Das Tao bringt Erneuerung und Verfall hervor,
Doch ist es weder Erneuerung noch Verfall.
Es bewirkt Sein und Nicht-Sein,
Doch ist es weder Sein noch Nicht-Sein.
Das Tao baut und zerstört,
Doch ist es weder das Ganze noch die Leere.

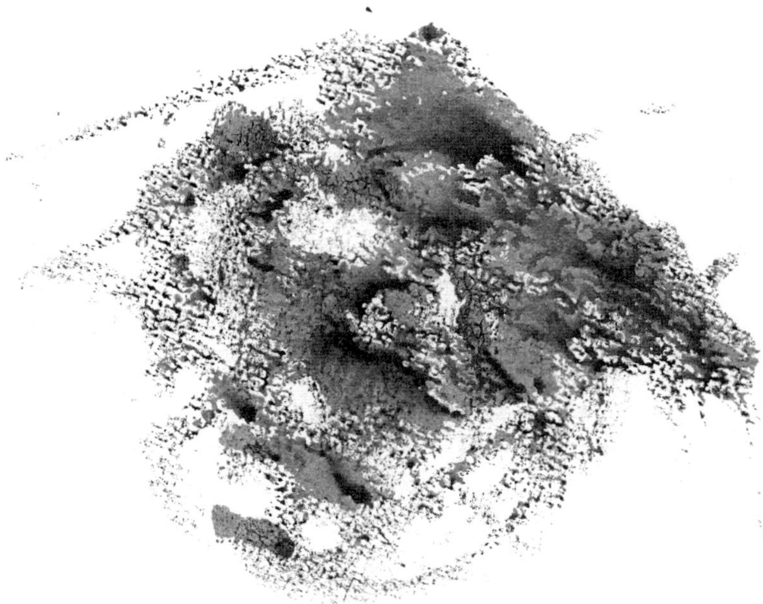

STERNENLICHT UND NICHT-SEIN

Sternenlicht fragte Nicht-Sein: „Meister, seid Ihr? Oder seid ihr nicht?“ Da es darauf keinerlei Antwort erhielt, machte sich Sternenlicht auf die Suche nach Nicht-Sein. Es wartete ab, um zu sehen, ob Nicht-Sein in Erscheinung treten würde. Es richtete seinen Blick ganz fest in Richtung der Leere und hoffte, etwas vom Nicht-Sein sehen zu können.

Es schaute den ganzen Tag und sah nichts. Es lauschte, doch es hörte nichts. Es streckte die Hand aus, um zu greifen und ergriff nichts.

Schließlich rief Sternenlicht: „Das ist ES!
Es ist das am-weitesten-Entfernte bislang.
Wer kann es erreichen?
Ich kann die Abwesenheit des Seins erfassen,
Doch wer könnte die Abwesenheit von Nichts erfassen?
Wenn nun, obendrein, Nicht-Sein IST,
Wer könnte es erfassen?“

KENG SANG CHU

Meister Keng Sang Chu, ein Schüler des Lao Tse, war berühmt für seine Klugheit und die Menschen von Wei-Lei hatten begonnen, ihn als Weisen zu verehren. Doch er wollte ihre Verehrungen nicht und lehnte ihre Geschenke ab. Er hielt sich versteckt und ließ sie nicht zu sich kommen, um ihn zu sehen. Seine Anhänger protestierten und erklärten, dass es seit den Zeiten von Yao und Shun guter Brauch für Weise sei, die Huldigungen entgegen zu nehmen und auf diese Weise einen guten Einfluss auszuüben. Meister Keng antwortete:

„Kommt her, meine Kinder und hört euch dies an.
Wenn ein wildes Tier, groß genug, um einen ganzen Wagen zu Verschlingen,
Die Wälder in den Bergen verlässt,
So wird es der Falle des Jägers nicht entkommen.
Wenn ein Fisch, groß genug, um ein Boot zu verschlucken,
Bei Ebbe strandet,
So können selbst Ameisen ihn vertilgen.
Und so fliegen die Vögel hoch oben, wilde Tiere bleiben
In wegloser Abgeschiedenheit,
Bleiben außer Sichtweite; und Fische
Und Schildkröten bleiben tief unten,
Ganz am Grund.
Derjenige, der sich selbst achtet,
Hält seinen Körper außer Sichtweite,
Hält sich verborgen, so gut er kann.
Und was Yao und Shun betrifft: Warum solche Könige Rühmen?
Was an Gutem hat ihre Tugend bewirkt?
Sie haben ein Loch in die Mauer geschlagen
Und es mit Dornengestrüpp gefüllt.

Sie zählten die Haare auf dem Kopf,
Bevor sie sie kämmten.
Sie bezifferten jedes Reiskorn,
Bevor sie das Essen zubereiteten.
Was haben sie der Welt Gutes getan
Mit ihren peniblen Unterscheidungen?
Wenn die Tugendhaften verehrt werden,
Wird die Welt voller Neid sein.
Wenn der Gerissene belohnt wird,
Wird die Welt voller Diebe sein.
Man kann die Menschen nicht gut oder ehrlich machen,
Indem man Tugend und Kenntnis preist.
Seit den Tagen des frommen Yao und des tugendhaften Shun
Versuchen alle, reich zu werden:
Ein Sohn wird seinen Vater für Geld töten,
Ein Minister wird seinen Fürsten ermorden,
Um seinen Ehrgeiz zu stillen.
Am hellichten Tag bestehlen sie einander,
Um Mitternacht reißen sie Mauern ein:
Die Wurzel all dessen wurde gepflanzt
In den Zeiten von Yao und Shun.
Die Äste werden tausend Jahre wachsen,
Und in tausend Zeitaltern von jetzt an
Werden die Menschen einander roh verspeisen.

KENGS SCHÜLER

Ein Schüler beklagte sich bei Keng:
„Die Augen aller Menschen scheinen sich zu gleichen,
Ich erkenne keine Unterschiede;
Doch manche Menschen sind blind;
Ihre Augen sehen nicht.
Die Ohren aller Menschen scheinen sich zu gleichen,
Ich erkenne keine Unterschiede;
Doch manche Menschen sind taub;
Ihre Ohren hören nicht.
Der Geist aller Menschen besitzt dieselbe Natur,
Ich erkenne keine Unterschiede darin;
Aber die Verrückten können sich
Den Geist eines anderen nicht zu eigen machen.
Hier bin ich, scheinbar so wie die anderen Schüler,
Doch es gibt einen Unterschied:
Sie verstehen, was du sagst und setzen es in die Praxis um;
Ich nicht.
Du sagst zu mir: ‚Halte Dein Sein sicher und ruhig,
Bewahre Dein Leben gesammelt in der eigenen Mitte.
Lasse nicht zu, dass Deine Gedanken
Gestört werden.‘
Doch so sehr ich es auch versuche,
Das Tao ist bloß ein Wort in meinem Ohr.
Es schlägt keine Glocke in mir.“

Keng Sang antwortete:
„Ich habe dem nichts hinzuzufügen.
Hühner brüten keine Gänseeier aus
Und dennoch, diejenigen von Lu können es.
Es ist nicht so sehr ein Unterschied nach der Natur,
Als ein Unterschied nach der Fähigkeit.
Meine Fähigkeit ist zu gering,
Um dich zu verwandeln.

Warum gehst Du nicht nach Süden
Und suchst Lao Tse?"

Der Schüler nahm einige Vorräte,
Reiste sieben Tage und sieben Nächte
Alleine
Und kam zu Lao Tse.
Lao fragte: „Kommst du von Keng?"
„Ja", antwortete der Schüler.
„Wer sind all diese Leute, die du mitgebracht hast?"
Niemand da. Panik!
Lao sagte: „Verstehst du nicht?"
Der Schüler ließ den Kopf hängen. Verwirrung!
Dann ein Seufzen. „Leider habe ich die Antwort vergessen."
(Mehr Verwirrung!) „Ich habe ebenso meine Frage vergessen."
Lao sagte: „Was versuchst du zu sagen?"
Der Schüler: „Wenn ich nichts weiß, behandeln mich die Leute
Wie einen Narren.
Wenn ich weiß, bringt mich das Wissen in Schwierigkeiten.
Wenn ich dabei versage, Gutes zu tun, schade ich anderen.
Wenn ich Gutes tue, schade ich mir selbst.
Wenn ich meiner Pflicht nicht nachkomme, bin ich nachlässig,
Doch wenn ich sie erfülle, bin ich ruiniert.
Wie entkomme ich diesen Widersprüchen?
Das ist es, was ich Euch fragen wollte."

Lao Tse antwortete:
„Gerade eben
Habe ich dir in die Augen geschaut.
Ich sah, du bist von Widersprüchen
Eingeschlossen. Deine Worte
Bestätigen dies.
Du fürchtest dich zu Tode,
Wie ein Kind, das
Vater und Mutter verloren hat.
Du versuchst die Mitte des Ozeans auszuloten

Mit einer sechs Fuß langen Stange.
Du hast dich verloren und versuchst
Den Weg zurück zu finden
Zu deinem eigenen wahren Selbst.
Du findest nichts
Als unleserliche Schilder,
Die in alle Richtungen zeigen.
Ich bemitleide dich."

Der Schüler bat um Einlass,
Ging in eine Kammer und dort
Meditierte er,
Versuchte, sich in Eigenschaften zu üben,
Die er für erstrebenswert hielt
Und andere loszuwerden,
Die er ablehnte.
Zehn Tage ging das so!
Verzweiflung!

„Ein Elend!" sagte Lao.
„Alles verstopft!
Verknotet! Versuche,
Dich aufzuschnüren!

Wenn Deine Hindernisse
Im Außen liegen,
Versuche nicht,
Sie eines nach dem anderen anzugehen
Und wegzustoßen.
Unmöglich! Lerne,
Sie zu ignorieren.
Wenn sie in Dir sind,
So kannst Du sie nicht eines nach dem anderen überwinden,
Aber Du kannst sie daran hindern,
Einfluss auf Dich auszuüben.
Wenn sie sowohl im Innen als im Außen liegen,

Dann versuche nicht,
Am Tao festzuhalten –
Sondern hoffe darauf, dass das Tao
Sich an Dich hält!"

Der Schüler stöhnte:
„Wenn ein Bauer krank wird
Und die anderen Bauern kommen, ihn zu sehen,
Und er ihnen zumindest sagen kann,
Was ihm fehlt,
Dann ist seine Krankheit nicht so schlimm.
Doch was mich betrifft, in meiner Suche nach dem Tao,
Bin ich wie ein Kranker, der eine Medizin einnimmt,
Die ihn sich zehnmal schlimmer fühlen lässt.
Bitte berichte mir bloß
Von den ersten Elementen,
Und ich will zufrieden sein!"

Lao Tse antwortete:
„Kannst Du das Eine umarmen,
Ohne es zu verlieren?
Kannst du gute und schlechte Dinge vorhersagen,
Ohne einen Schildkrötenpanzer
Oder Strohhalme zu befragen?
Kannst du ruhen, dort, wo Ruhe ist?
Weißt du, wann du aufhören musst?
Kannst du dich um deine eigenen Angelegenheiten kümmern,
Ohne dich zu sorgen, ohne auf die Berichte zu schauen,
Darüber, wie die anderen vorankommen?
Kannst du auf deinen eigenen Füßen stehen?
Kannst du dich ducken?
Kannst du wie ein Säugling sein,
Der den ganzen Tag schreit,
Ohne dass die Kehle wund wird,
Oder seine Fäuste den ganzen Tag lang ballt
Ohne wunde Hände zu bekommen,

Oder den ganzen Tag schaut
Ohne Augenschmerzen?
Du willst die ersten Elemente?
Der Säugling hat sie,
Frei von Sorgen, von sich selbst nichts wissend,
Handelt er ohne Reflektion,
Bleibt, wo er hingetan wird, weiß nicht warum,
Versteht die Dinge nicht,
Geht einfach mit ihnen,
Ist Teil des Flusses.
Dies sind die ersten Elemente!"
Der Schüler fragte:
„Ist dies Vollkommenheit?"

Lao antwortete: „Ganz und gar nicht.
Es ist nur der Beginn.
Das Eis schmilzt.

Dies ermöglicht es dir
Zu verlernen,
Sodass du vom Tao geführt werden kannst,
Ein Kind des Tao bist.

Wenn du weiterhin versuchst
Zu erreichen, was niemals erreicht wird
(Es ist das Geschenk des Tao!),
Wenn du dich weiterhin damit abmühst,
Das zu gewinnen, was durch Anstrengung nicht erlangt
Werden kann,
Wenn du weiterhin darüber nachdenkst,
Was nicht begriffen werden kann,
Wirst du zerstört werden
Von eben der Sache, die Du suchst.

Zu wissen, wann du aufhören musst,
Zu wissen, wenn du nicht weiterkommst

Durch eigenes Handeln,
Das ist der rechte Beginn!“

DER TURM DES GEISTES

Der Geist kennt einen uneinnehmbaren Turm,
Den keine Gefahr bedrängen kann
Solange der Turm bewacht wird
Vom unsichtbaren Beschützer,
Der unbewusst handelt und dessen Handlungen
Auf Irrwege geraten, wenn sie willentlich und
Bewusst beabsichtigt werden.

Die Unbewusstheit
Und ganze Aufrichtigkeit des Tao
Werden gestört durch jeglichen Versuch
Von selbst-bewusster Bekundung.
Alle solche Bekundungen
Sind Lügen.

Wenn jemand sich
Auf solch unklare Weise präsentiert,
Dann wird die Welt dort draußen ihn bestürmen
Und gefangen setzen.

Er ist nicht länger geschützt
Von der Aufrichtigkeit des Tao.

Jede weitere Handlung
Ist ein weiterer Fehler.

DAS INNERE GESETZ

Der, dessen Gesetz im Innern ist,
Wandelt in Verborgenheit.
Seine Taten werden nicht beeinflusst
Von Zustimmung oder Missbilligung.
Der, dessen Gesetz im Außen ist,
Richtet seinen Willen danach aus,
Was außerhalb seiner Kontrolle liegt
Und versucht
Seine Macht
Auf Dinge auszudehnen.

Der, der in Verborgenheit wandelt,
Hat ein Licht, das ihn führt
In all seinen Taten.
Der, der versucht, seine Kontrolle auszudehnen,
Ist nichts als eine Marionette.
Während er glaubt, er
Überträfe die anderen,
Sehen die anderen ihn nur
Sich spannen, strecken,
Auf Zehenspitzen stehen.

Wenn er versucht, seine Kontrolle auszuweiten
Auf Dinge,
Dann übernehmen die Dinge Kontrolle
Über ihn.

Derjenige, der von Gegenständen beherrscht wird,
Verliert die Beherrschung seines inneren Selbst:
Wenn er sich selbst nicht mehr wertschätzt,
Wie kann er andere wertschätzen?
Wenn er andere nicht mehr wertschätzt,
Dann ist er verlassen.
Er hat nichts mehr übrig!

Es gibt keine tödlichere Waffe als das Wollen!
Das schärfste Schwert
Ist ihm nicht gewachsen!
Kein Räuber ist so gefährlich
Wie die Natur (Yang und Yin).
Und doch ist es nicht die Natur,
Welche den Schaden anrichtet:
Sondern das Wollen des Menschen!

ENTSCHULDIGUNGEN

Wenn jemand einem Fremden auf den Fuß tritt
Auf dem Marktplatz,
Dann entschuldigt er sich höflich
Und erklärt sich
(„Dieser Ort ist so schrecklich überfüllt!“).

Wenn ein älterer Bruder
Seinem jüngeren Bruder auf den Fuß tritt,
Sagt er „Entschuldige!“
Und das war's.

Wenn ein Elternteil
Seinem Kind auf den Fuß tritt,
Wird nichts gesagt.

Die größte Höflichkeit
Ist frei von jeder Förmlichkeit.
Vollkommenes Benehmen
Ist frei von Bedenken.
Vollkommene Weisheit
Ist ungeplant.
Vollkommene Liebe
Ist ohne Bekundungen.
Vollkommene Aufrichtigkeit gibt
Keine Garantien.

RATSCHLÄGE FÜR DEN PRINZEN

Der Einsiedler Hsu Su Kwei war gekommen, um den Prinzen
Wu zu sehen.
Der Prinz war froh. „Ich habe schon lange gewünscht", sagte er
„Dich zu sehen. Sag mir
Ob ich recht handele.
Ich möchte meine Leute lieben und durch die Anwendung des
Rechts
Dem Krieg ein Ende setzen.
Ist es damit genug?"

„Keineswegs", sagte der Einsiedler.
„Eure Liebe zu den Menschen
Bringt sie in tödliche Gefahr.
Eure Anwendung des Rechts ist die Wurzel
Von Kriegen und weiteren Kriegen!
Eure guten Vorsätze
Werden im Unglück enden!
Wenn Ihr Euch vornehmt, ‚etwas Großartiges zu vollbringen',
So täuscht Ihr Euch nur selbst.
Eure Liebe und Gerechtigkeit
Sind betrügerisch.
Sie sind nur ein Vorwand
Für Selbst-Behauptung, für Überfälle.
Eine Handlung wird die nächste hervorbringen,
Und im Laufe der Ereignisse
Werden Eure verborgenen Absichten
Zu Tage treten.

Ihr behauptet, Gerechtigkeit zu üben.
Doch solltet Ihr Erfolg damit haben,
So wird dieser Erfolg nur noch mehr Zwietracht bringen.
Warum all diese Wachen,
Die stramm stehen

Am Tor des Palastes, rund um den Tempelaltar
Überall?

Ihr seid im Krieg mit Euch selbst!
Ihr glaubt nicht an Gerechtigkeit,
Bloß an Macht und Erfolg.
Wenn Ihr
Einen Feind besiegt und Euch sein Land einverleibt,
Dann werdet Ihr noch weniger im Frieden sein
Mit Euch selbst als Ihr es jetzt seid.
Auch werden Eure Leidenschaften Euch
Nicht ruhen lassen. Ihr werdet kämpfen und
Kämpfen im Namen einer
Noch vollkommeneren Anwendung des ‚Rechts'!

Gebt Euer Vorhaben auf,
Ein ‚liebender und gerechter Herrscher zu sein'.
Versucht den
Anforderungen Eurer inneren Wahrheit zu genügen.
Hört auf, Euch selbst zu belästigen und Eure Leute
Mit dieser Besessenheit!
Eure Leute werden endlich frei atmen.
Sie werden leben,
Und der Krieg wird von selbst beendet sein!"

DAS TATKRÄFTIGE LEBEN

Wenn ein Experte nicht irgendein Problem hat, das ihn beschäftigt,
so ist er unglücklich!
Wenn die Lehre eines Philosophen niemals angefochten wird,
so welkt er dahin!
Wenn Kritiker niemanden haben, an dem sie ihre Verachtung auslassen können,
dann sind sie unglücklich.
All diese Menschen sind Gefangene in der Welt der Formen.

Wer Gefolgsleute um sich scharen will, sucht nach politischer Macht.
Wer Ansehen sucht, bekleidet ein Amt.
Der Starke hält Ausschau nach Gewichten, um sie zu stemmen.
Der Mutige sucht nach einer Notlage, in der er
Seinen Mut beweisen kann.
Der Schwertkämpfer sucht eine Schlacht, in der er sein
Schwert führen kann.
Männer, die ihre besten Jahre hinter sich haben, bevorzugen
Einen würdevollen Ruhestand, in dem sie tiefgründig
Erscheinen können.
Menschen mit Erfahrung in der Juristerei suchen nach
Schwierigen Fällen, um die Anwendung der Gesetze
Auszuweiten.
Liturgen und Musiker mögen Feste, zu denen sie feierlich ihre
Talente vorführen können.
Die Mildtätigen und Pflichtbewussten suchen stets nach
Gelegenheiten, um ihre Tugenden zur Schau zu stellen.

Wo wäre der Gärtner, wenn es kein Unkraut mehr gäbe?
Was würde aus dem Handel werden ohne einen Markt voller Narren?
Wo wären die Massen, wenn es keine Vorwände gäbe, sich

Zu versammeln und Lärm zu machen?
Was würde aus der Arbeit, wenn es keine überflüssigen Dinge
Mehr herzustellen gäbe?

Produziert! Erzielt Ergebnisse! Verdient Geld! Findet Freunde!
Schafft Veränderungen!
Oder ihr werdet aus Verzweiflung sterben!

Diejenigen, die in der Maschinerie der Leistung gefangen sind, empfinden keine Freude, außer in Tätigkeit und Wandel – dem Rotieren der Maschine! Wann auch immer sich eine Gelegenheit für Tätigkeit bietet, sind sie gezwungen zu handeln; sie können nicht anders. Sie werden unaufhörlich bewegt, genauso wie die Maschine, von der sie ein Teil sind. Als Gefangene in der Welt der Formen haben sie keine andere Wahl, als sich den Forderungen der Materie zu beugen! Sie werden niedergedrückt und zerquetscht von äußeren Kräften, den Moden, dem Markt, Vorkommnissen, öffentlichen Meinungen. Niemals im Leben finden sie ihren klaren Verstand wieder. Das tatkräftige Leben! Wie schade!

AFFENBERG

Der Prinz von Wu nahm ein Boot zum Affenberg. Als die Affen ihn sahen, flohen sie panisch und versteckten sich in den Baumwipfeln.

Eine Affe jedoch blieb, völlig ungerührt, und schwang sich von Ast zu Ast – ein außergewöhnliches Schauspiel! Der Prinz schoss einen Pfeil auf den Affen, doch der Affe fing den Pfeil geschickt im Flug.

Da wies der Prinz seine Begleiter an, einen gemeinsamen Angriff zu starten. Im nächsten Moment war der Affe voller Pfeile und fiel tot herunter.

Der König wandte sich seinem Gefährten Yen Pu'i zu: „Hast du gesehen, was geschehen ist?“ sagte er. Dieser Affe hat seine Geschicklichkeit zur Schau gestellt. Er hat in seine eigenen Fertigkeiten vertraut. Er dachte, niemand käme an ihn heran. Vergiss dies nicht! Verlasse dich nicht auf Auszeichnungen und Talent, wenn du es mit Menschen zu tun hast!“

Als sie nach Hause zurückkehrten, wurde Yen Pu'i der Schüler eines Weisen, um alles abzulegen, was ihn besonders erscheinen ließ. Er verzichtete auf jegliches Vergnügen. Er lernte, jede „Auszeichnung“ zu vermeiden.

Bald schon wusste niemand im Königreich mehr, was von ihm zu halten sei.

So betrachteten sie ihn mit Ehrfurcht.(14)

GLÜCK

Meister Ki hatte acht Söhne.
Eines Tages rief er einen Kundigen, reihte die Jungen auf und Sagte:
„Prüfe ihre Gesichter. Sag mir, welcher der Glückliche sein Wird."

Nach eingehender Betrachtung sagte der Kundige:
„Kwan ist derjenige, welcher glücklich sein wird."

Ki war erfreut und überrascht.
„Auf welche Weise", fragte er nach.
Der Kundige antwortete:
„Kwan wird Fleisch essen und Wein trinken
Für den Rest seiner Tage
Auf Kosten der Obrigkeit."

Ki ging zu Boden und schluchzte:
„Mein armer Sohn! Mein armer Sohn!
Womit hat er solches Unglück nur verdient?"

„Was?" rief der Kundige,
„Wenn einer am Tisch
Des Prinzen sitzt,
So segnet dies
Die ganze Familie,
Ganz besonders den Vater und die Mutter!
Wirst du dieses
Glück ablehnen?"

Ki sagte: „Was macht dieses Glück ‚gut'?
Fleisch und Wein sind für den Mund und den Bauch.
Liegt das Glück bloß im Mund
Und im Bauch?

Diese ‚Mahlzeiten des Prinzen' –
Wie sollte er sie teilen?

Ich bin kein Hirte
Und ein Lamm ist plötzlich geboren in meinem Haus.
Ich bin kein Wildhüter
Und Wachteln werden geboren in meinem Bezirk.
Dies sind schreckliche Vorzeichen!

Ich hatte keine Wünsche
Für meine Söhne und mich selbst,
Außer in Freiheit umherzuziehen
Über die Erde und den Himmel.

Ich suche keine Freude
Für sie oder mich selbst
Außer die Freude des Himmels,
Schlichte Früchte der Erde.

Ich suche keinen Vorteil, mache keine Pläne,
Betreibe keine Geschäfte.
Mit meinen Knaben suche ich allein das Tao.

Ich habe das Leben nicht bekämpft!
Und nun doch diese unheimliche Aussicht
Auf etwas, das ich niemals gesucht habe:
Glück!"

Jede seltsame Wirkung hat eine seltsame Ursache.
Meine Söhne und ich haben nichts getan, was dies verdienen
Würde.
Es ist eine unverständliche Bestrafung.
Daher weine ich!"

Und so geschah es, dass Ki einige Zeit später seinen Sohn Kwan auf eine Reise schickte. Der junge Mann wurde von Banditen gefangen genommen, die ihn als Sklaven verkauften. Da sie glaubten, dass sie ihn, so wie er war, nicht verkaufen konnten, schnitten sie ihm die Füße ab. Da er nun nicht davonlaufen konnte, versprachen sie sich ein besseres Geschäft. Sie verkauften ihn an die Herrscher von Chi und er wurde zum Leiter einer Zollstelle an der Landstraße ernannt. Er bekam Fleisch und Wein für den Rest seines Lebens auf Kosten der Obrigkeit. Auf diese Weise zeigte sich, dass Kwan der Glückliche war!

DER GÜTE ENTKOMMEN

Hsu Yu traf einen Freund, als er die Hauptstadt auf der großen Landstraße verließ, die zur nächstgelegenen Grenze führte.

„Wohin gehst du?", fragte der Freund.

„Ich fliehe vor König Yao. Er ist so besessen von seinen gütigen Ideen, dass ich befürchte, etwas Ungutes wird dabei herauskommen. In jedem Fall, spaßig oder nicht, enden solche Dinge damit, dass die Menschen sich gegenseitig roh verspeisen.

Im Moment gibt es eine große Welle des Zusammenhalts. Die Menschen denken, sie würden geliebt und sie reagieren euphorisch darauf. Sie stehen alle hinter dem König, denn sie glauben, er mache sie reich. Huldigung ist billig und sie übertreffen einander darin, die Gunst zu gewinnen. Doch schon bald werden sie etwas hinnehmen müssen, was sie nicht wollen, und die ganze Sache wird zusammenbrechen.

Wenn Gerechtigkeit und Güte propagiert werden, sind nur wenige Menschen wirklich am Wohl der anderen interessiert, und die Mehrheit hält es für eine lukrative Sache, reif um ausgeschlachtet zu werden. Sie nutzen die Situation aus. Für sie sind Güte und Gerechtigkeit Fallen, um Vögel zu fangen. Auf diese Weise werden Güte und Gerechtigkeit bald zu Betrug und Heuchelei. Dann hegen alle Zweifel. Und der Ärger beginnt wirklich.

König Yao weiß, wie sehr pflichtbewusste und rechtschaffende Beamten dem Staat nützen, doch er weiß nicht, welches Unglück aus ihrer Rechtschaffenheit erwächst: Sie bilden eine Barriere, hinter der die Gauner noch ungestörter vorgehen können. Doch man muss die Sache objektiv betrachten, um dies zu erkennen.

Es gibt drei Sorten von Menschen, die hier in Betracht gezogen werden müssen: Ja-Sager, Blutsauger und Funktionäre.

Die Ja-Sager übernehmen die Meinungen von irgendeinem politischen Anführer, wiederholen dessen Äußerungen aus vollem Herzen, tun so, als wüssten sie etwas, sind zuversichtlich, dass sie etwas erreichen und vollauf zufrieden, wenn sie den Klang ihrer eigenen Stimme hören. Sie sind ganz und gar Narren. Und weil sie Narren sind, unterwerfen sie sich in dieser Weise dem Gerede anderer.

Die Blutsauger sind wie Läuse auf einer Sau. Sie kommen dort zusammen, wo die Borsten dünn sind und dieser Platz wird zu ihrem Palast und zu ihrem Park. Sie erfreuen sich an den Ritzen, zwischen den Zehen der Sau, um die Gelenke und die Zitzen herum oder unter dem Ringelschwanz. Dort verschanzen sie sich und bilden sich ein, von keiner Macht der Welt verjagt werden zu können. Doch sie verstehen nicht, dass eines Morgens der Metzger mit einem Messer kommen wird. Er wird trockenes Stroh sammeln und es anzünden, um die Borsten anzusengen und all die Läuse zu verbrennen. Solche Parasiten tauchen auf, wenn die Sau erscheint und sie verschwinden, wenn die Sau geschlachtet wird.

Funktionäre sind Menschen wie Shun.

Hammelfleisch wird nicht von Ameisen angezogen, aber Ameisen werden von Hammelfleisch angezogen, weil es gut und edel ist. Shun war ein energischer und erfolgreicher Funktionär und die Menschen schätzten ihn dafür. Dreimal zog er um von einer Stadt in die andere und jedes Mal wurde sein neues Heim zu seinem Zuhause. Schließlich zog er hinaus in die Wildnis und mit ihm kamen hunderttausende Familien und gründeten neue Siedlungen.

Am Ende kam Yao auf die Idee, dass Shun in die Wüste gehen solle, um zu sehen, ob er auch *daraus* etwas machen könne. Und obwohl Shun damals bereits ein alter Mann mit einem geschwächten Geist war, konnte er nicht widerstehen. Er schaffte es nicht, in den Ruhestand zu gehen. Er hatte vergessen, wie man einen Wagen stoppt. Er war ein Funktionär – und nichts anderes!

Der Geistesmensch hingegen hasst es, wenn sich Menschen um ihn scharen. Er meidet die Menge. Denn dort, wo viele Menschen sind, sind auch viele Meinungen und es herrscht wenig Einigkeit. Es bringt nichts, eine Gruppe von Schwachköpfen zu unterstützen, die dazu verdammt sind, sich gegenseitig zu bekämpfen.

Der Geistesmensch ist weder allzu vertraulich mit jemandem noch allzu weit entfernt. Er bleibt sich innerlich gewahr und er bewahrt sein Gleichgewicht, sodass er mit niemandem in Konflikt gerät. Dies ist dein wahrer Mensch! Er lässt die Ameisen clever sein. Er lässt dem Hammel seinen Gestank. Er für seinen Teil ahmt den Fisch nach, der unbekümmert schwimmt, umgeben von einer freundlichen Umgebung und sich um seine eigenen Angelegenheiten kümmert.

Der wahre Mensch sieht, was das Auge sieht und fügt nichts hinzu, was nicht dort ist. Er hört, was das Ohr hört und sucht nicht nach irgendwelchen angeblichen Unter- oder Obertönen. Er versteht die Dinge in ihrer offensichtlichen Art und Weise und versteigt sich nicht in versteckten Bedeutungen und Mysterien. Sein Kurs ist daher eine gerade Linie. Und doch kann er seine Richtung ändern, wann immer es die Umstände erfordern.

TAO

Hähne krähen,
Hunde bellen,
Das wissen alle Menschen.
Doch nicht einmal die Weisesten
Können sagen,
Woher diese Stimmen kommen
Oder erklären,
Warum Hunde bellen und Hähne krähen,
Wenn sie es tun.

Jenseits des Kleinsten vom Kleinsten
Gibt es kein Maß.
Jenseits des Größten vom Größten
Gibt es ebenfalls kein Maß.

Wo es kein Maß gibt,
Gibt es kein „Ding“.
In dieser Leere
Sprichst du von „Ursache“
Oder von „Zufall“?
Du sprichst von „Dingen“,
Wo „Keine-Dinge“ sind.
Einen Namen zu nennen
Heißt, ein „Ding“ zu begrenzen.

Wenn ich jenseits des Anfangs schaue,
Finde ich kein Maß.
Wenn ich jenseits des Endes schaue,
Sehe ich ebenfalls kein Maß.
Wo kein Maß ist,
Gibt es keinen Anfang irgendeines „Dinges“.
Du sprichst von „Ursache“ oder „Zufall“?
Du sprichst vom Anfang irgendeines „Dinges“.

Existiert das Tao?
Ist es dann ein „Ding, das existiert“?
Kann es „nicht-existieren“?
Gibt es dann ein „Ding, das existiert“,
Das „nicht nicht existieren kann“?

Das Tao zu benennen
Heißt, ein Nicht-Ding zu benennen.
Tao ist nicht der Name
Von „etwas Existierendem“.
„Ursache“ und „Zufall“
Haben nichts mit dem Tao zu tun.
Tao ist ein Name,
Der verweist,
Ohne abzustecken.

Das Tao ist jenseits der Worte
Und jenseits der Dinge.
Es wird nicht ausgedrückt,
Weder im Wort noch in der Stille.
Wo kein Wort und keine Stille mehr ist,
Wird das Tao erfasst.

Solemn Assizes

NUTZLOS

Hui Tse sagte zu Chuang Tse:
„Deine gesamte Lehre kreist um das, was keinen Nutzen hat.“

Chuang antwortete:
„Wenn du das, was keinen Nutzen hat, nicht würdigst,
Dann bist du nicht imstande überhaupt damit zu beginnen,
Darüber zu sprechen, was genutzt werden kann.
Die Erde, zum Beispiel, ist groß und weit,
Doch bei all dieser Weite nutzt der Mensch nur ein paar Zoll,
Auf denen er gerade steht.
Nun stell dir vor, dass du ihm plötzlich
All das wegnimmst, was er nicht wirklich nutzt,
Sodass um seine Füße herum ein Abgrund
Gähnt und er in der Leere steht
Mit nichts Festem außer dem, was direkt unter seinen Füßen ist:
Wie lange wird er das nutzen können, was er nutzt?“

Hui Tse sprach: „Es würde ihm bald nichts mehr nutzen.“

Chuang Tse schlussfolgerte:
„Dies zeigt
Wie notwendig das ist,
Was ‚keinen Nutzen‘ hat.“

MITTEL UND ZWECKE

Der Torwächter in der Hauptstadt von Sung war nach dem Tod seines Vaters zu einem solch fachkundigen Trauernden geworden und hatte sich selbst mit Fasten und Entbehrungen derartig ausgezehrt, dass er befördert wurde, um so als Vorbild für die Einhaltung der Rituale dienen zu können.

Infolgedessen übten seine Nachahmer einen derartigen Verzicht, dass die Hälfte von ihnen starb. Die Übrigen jedoch wurden nicht befördert.

Der Zweck einer Fischreuse ist es, Fische zu fangen und wenn die Fische gefangen sind, ist die Reuse vergessen.

Der Zweck einer Hasenfalle ist es, Hasen zu fangen. Wenn die Hasen gefangen sind, ist die Falle vergessen.

Der Zweck von Worten ist es, Ideen zu übermitteln. Wenn die Ideen verstanden sind, werden die Worte vergessen.

Wo kann ich einen Menschen finden, der die Worte vergessen hat? Er ist derjenige, mit dem ich gerne sprechen würde.

FLUCHT VOR DEM SCHATTEN

Es gab einmal einen Mann, der sich so gestört fühlte beim Anblick seines Schattens und dem seine eigenen Fußspuren derart missfielen, dass er beschloss, beide loszuwerden. Die Methode, die er dazu wählte, war, vor ihnen wegzulaufen.

Und so stand er auf und rannte. Doch jedes Mal, wenn er seinen Fuß auf den Boden setzte, war da eine weitere Spur, und sein Schatten hielt mit ihm Schritt ohne die geringste Schwierigkeit.

Er führte seinen Misserfolg darauf zurück, dass er nicht schnell genug rannte. Also rannte er schneller und schneller, ohne anzuhalten, bis er schließlich tot umfiel. Wäre er einfach in seinen Schatten getreten, so wäre der Schatten verschwunden und hätte er sich still hingesetzt, dann wären dort keine weiteren Fußspuren. Aber darauf war er nicht gekommen.

CHUANG TSES BEGRÄBNIS

Kurz vor Chuang Tses Tod begannen seine Schüler, ein prächtiges Begräbnis vorzubereiten.

Doch er sagte: „Mögen Himmel und Erde mein Sarg sein; Sonne und Mond die Jade-Symbole an meiner Seite; Planeten und Sternbilder werden wie Juwelen überall um mich herum erstrahlen und alle Lebewesen mögen als Trauernde bei der Totenwache sein. Was mehr wäre nötig? Für alles ist zur Genüge gesorgt!"

Aber sie entgegneten: „Wir fürchten, dass Krähen und Raubvögel unseren Meister fressen werden."

„Nun", sagte Chuang Tse, „über der Erde werde ich von Krähen und Raubvögeln gefressen werden, darunter von Ameisen und Würmern. In jedem Fall werde ich gefressen. Warum also bevorzugt ihr die Vögel?"

ANMERKUNGEN

(1) Aus den Erweiterungen des Yi Ching, zitiert in Fung Yu Lang: The Spirit of Chinese Philosophy, S. 89.
(2) Mai Mai Sze: The Tao of Painting, Bd. 1, S.4.
(3) Tao Te King, Vers 30.
(4) Ebd. Vers 38.
(5) John C. H. Wu: The Wisdom of Chuang Tzu: A New Appraisal, S. 8.
(6) The Chuang Tze Book, xxxxiiii, 2.
(7) Ebd. 1-2.
(8) Siehe „Von der Bedeutung, zahnlos zu sein" und „Als das Wissen nach Norden ging".
(9) Von Hui Tse gelehrt; siehe auch im Tao Te King.
(10) Die „zwei Richtungen" sind zum Einen der Weg des Tao, also der „göttliche" Weg und zum anderen der ganz alltägliche Weg des gewöhnlichen Menschen.
(11) Tao Te King, Vers 56.
(12) Ebd. Vers 2.
(13) Ebd. Vers 56.
(14) Dies zeigt Chuang Tses „Weg der Mitte" zwischen diesen beiden Polen: Keine besonderen Fähigkeiten zu haben und doch nicht ohne Fähigkeiten zu sein. Es geht darum, diese Fähigkeiten so zu haben, als ob man sie nicht hätte, um eine Meisterhaftigkeit zu erlangen, die nicht die eigene ist, sondern die des Tao. Auf diese Weise wird man nicht bewundert und bleibt doch eine „verborgene Kraft" innerhalb der Gesellschaft.